建安十三年

上

鋒雲 著

東漢亂世的籌謀與布局

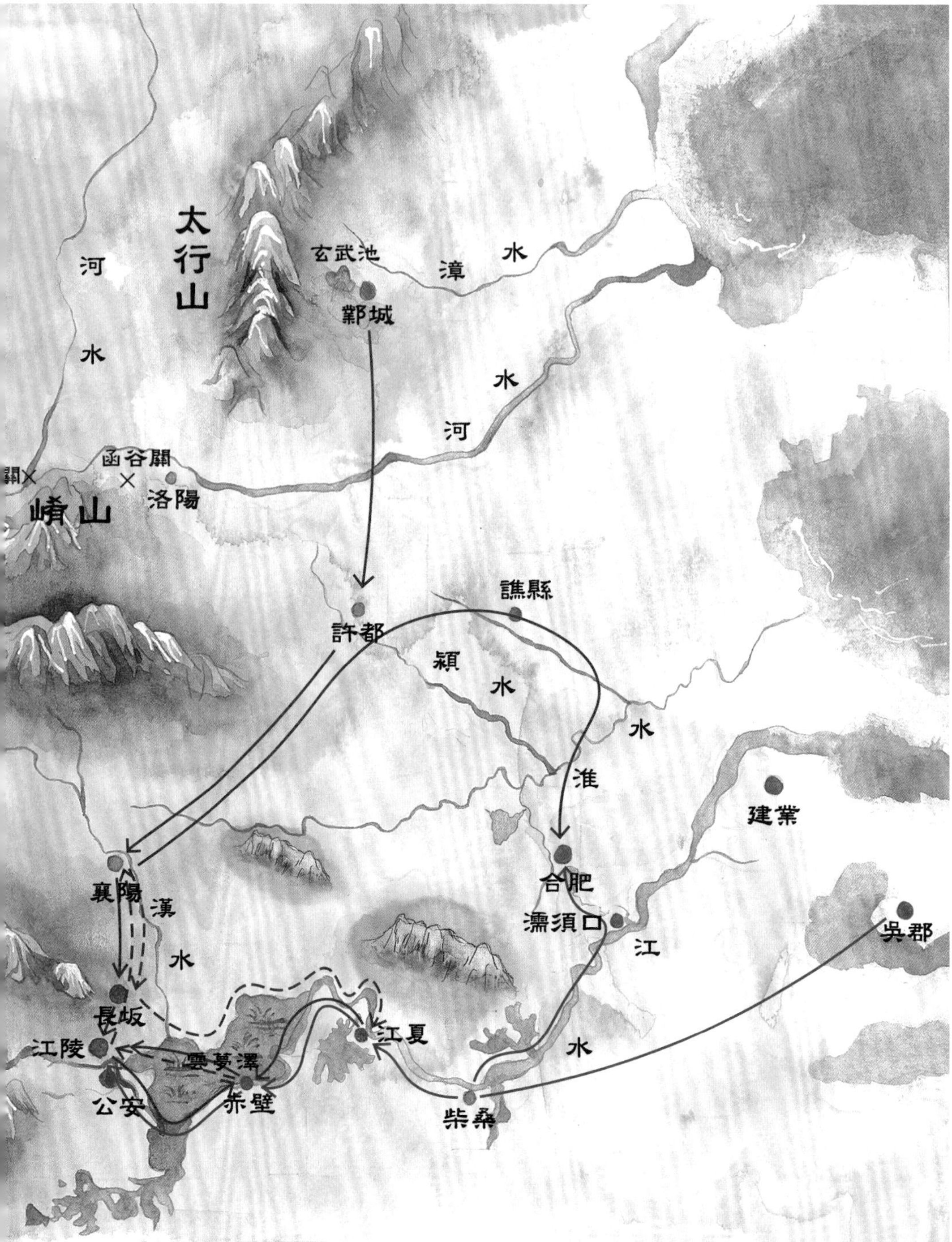
太行山
玄武池
漳
水
鄴城
河
水
水
河
函谷關
洛陽
崤山
許都
譙縣
潁
水
水
淮
建業
合肥
襄陽
漢
水
濡須口
江
吳郡
長坂
江夏
江陵
雲夢澤
水
公安
赤壁
柴桑

建安十三年形勢圖

曹操軍進軍路線
孫權軍進軍路線
劉備軍進軍路線
曹操軍撤退路線
劉備軍撤退路線
關中
長安
漢中
益州
成都
水
江

鄴城

今河北省臨漳縣西；曹操的大本營；建安十三年正月，曹操在鄴城西挖玄武池操練水軍。

江夏

今湖北省武漢市境內；長江中游的軍事重鎮；建安十三年春，孫權第三次征伐江夏太守黃祖。

襄陽

今湖北省襄陽市；荊州首府，荊北重鎮；建安十三年夏，劉琦在諸葛亮建議下離開襄陽；八月，荊州牧劉表病亡；九月，劉琮投降曹操，劉備過襄陽南撤。

許都

今河南省許昌市東；漢獻帝的臨時都城，曹操的昌興之地；建安十三年正月，曹操奏免趙溫司徒一職；六月，曹操廢三公，自任丞相；八月，殺孔融。

關中

今陝西中部地區；秦漢京畿之地；建安十三年中，關中軍閥馬騰離開長安到朝廷任職。

長阪

今湖北省荊門市境內的百里長岡；襄陽與江陵的連接點；建安十三年九月，劉備在此因不願拋棄追隨者而遭遇慘敗，隨後在此與魯肅會面。

柴桑

今江西省九江市；荊州與江東的交界處；建安十三年九、十月間，孫權在此會見諸葛亮，並在與周瑜、魯肅等人研商後，下定了抗曹的決心。

赤壁

今湖北省赤壁市西北；利於水戰和火攻之地；建安十三年十二月，孫劉聯軍在此大敗曹軍。

江陵

今湖北省荊州市；荊州的地理中心；赤壁之戰後，周瑜奪取該地，一年後孫權將其借給劉備。

合肥

今安徽省合肥市；江淮重鎮；赤壁之戰前後，孫權對其進行圍攻，隨後雙方在此多次較量。

建業

今江蘇省南京市；東南形勝之地；赤壁之戰後，孫權將治所移至離此不遠的京口，兩年後建都於此。

益州

今四川、重慶全境及雲南、貴州部分地區；天府之國；建安十三年秋，益州牧劉璋派張松赴荊州謁見曹操，回來後張松勸其絕交曹操、通好劉備。

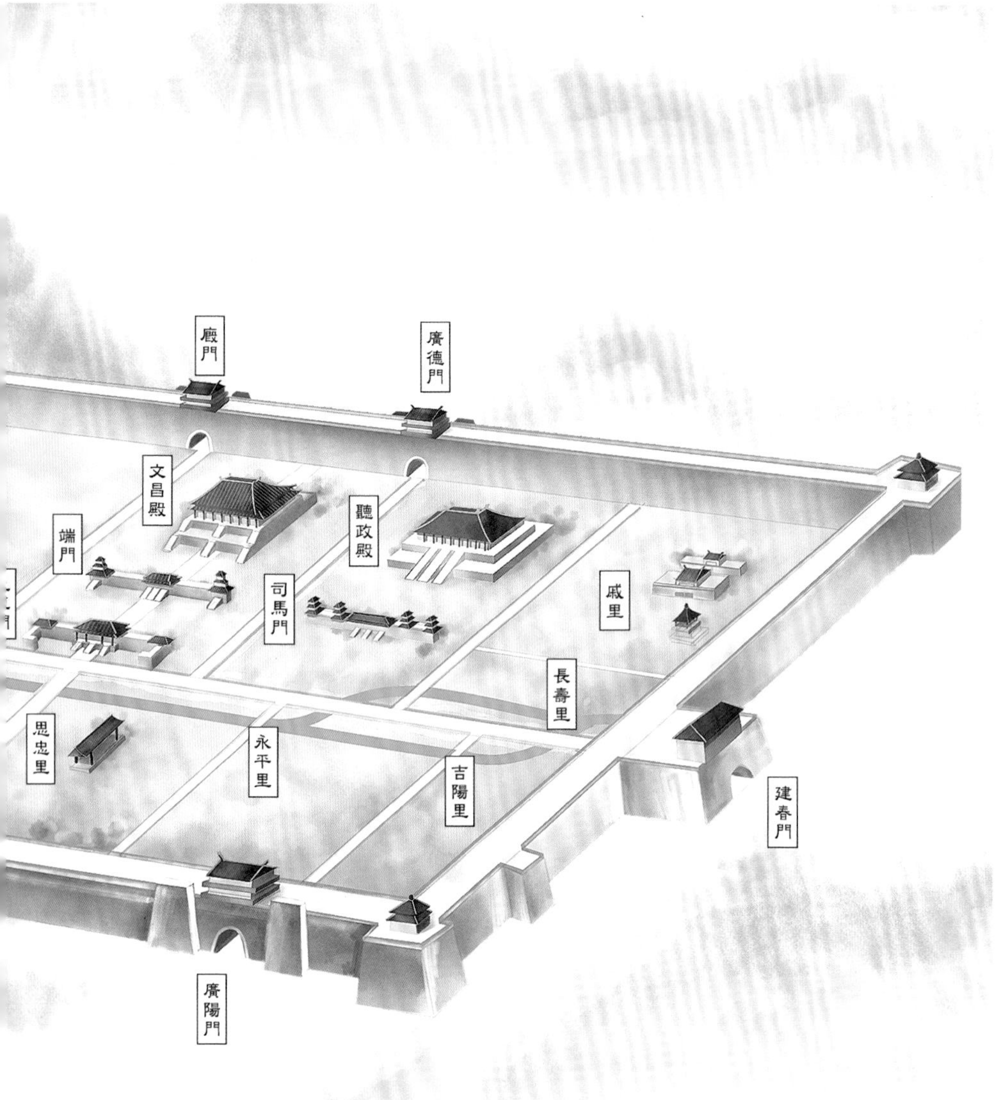

廏門
廣德門
文昌殿
聽政殿
端門
司馬門
戚里
長壽里
思忠里
永平里
吉陽里
建春門
廣陽門

鄴城復原圖

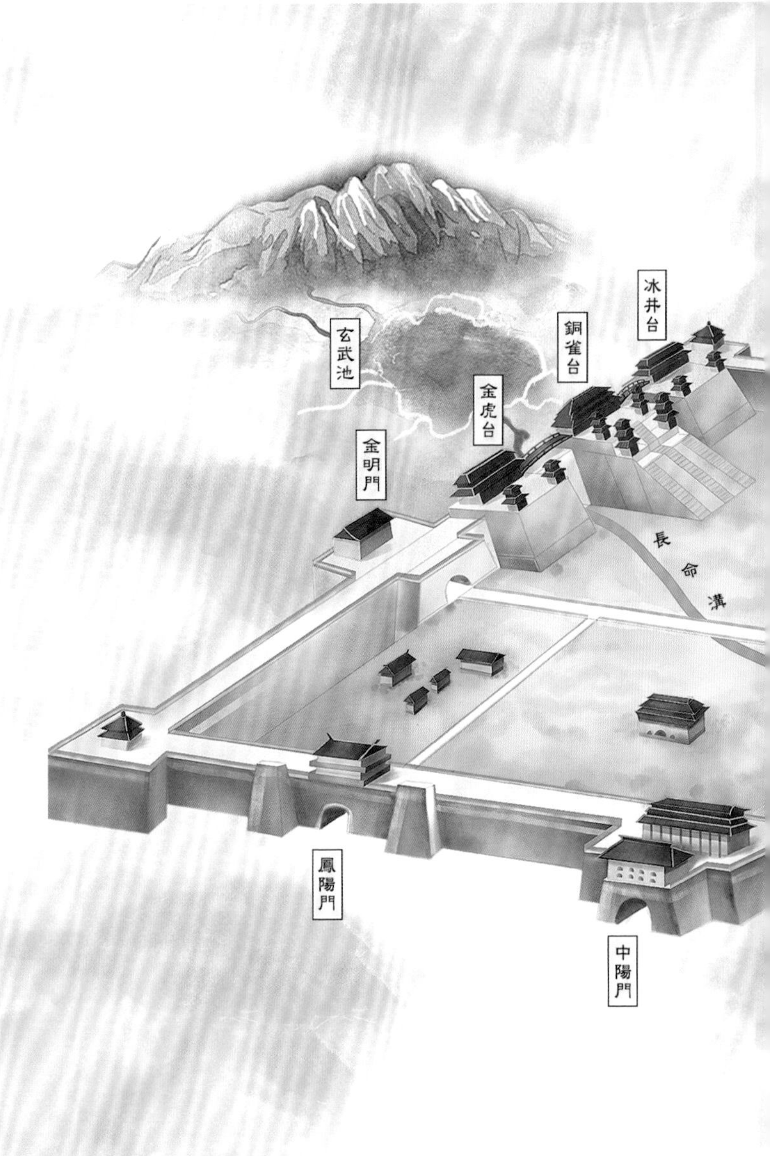

種種跡象表明，開挖玄武池只是曹操龐大造城計畫的其中一環。在曹操的規劃中，他要建的是一座史無前例的新城。

曹操清楚地知道，這座城必須要改變秦咸陽城、漢長安城在空間布局上的雜亂無章，必須要改變之前都城之中處處是宮城的「君貴民輕」格局，必須要改變限制商業活動的「面朝後市」格局。

這座城應盡可能方正，不能如前漢長安城和後漢洛陽城那般分散且不規則；

這座城要有明確的功能分區，宮室官署、里坊街市各安其所；

這座城要兼具軍事、商業、園林等多種功能，既利防衛，又利商貿，還利居住；

這座城中只需要一座宮城，沒必要如前漢的長安城那般，宮城占了全城的三分之二；

這座城要有對稱的中軸線，主要道路要正對城門，以方便人員、貨物進出；

這座城城牆四周要有角樓，以利於軍事防衛……

此時，曹操也許並不知道，正是他開創了城市中軸對稱布局的先河，首創了城市幹道與皇宮丁字交會的新格局。此後，鄴城不僅將成為曹魏、後趙、冉魏、前燕、東魏、北齊六朝的都城，而且會成為中國二世紀至六世紀長安等都城建設的典範，甚至對明清北京城的規劃都有很大影響。

楔子

改變歷史的兩粒種子

建安十三年，農曆鼠年，西元二〇八年，西曆和農曆都是閏年。

這一年，因為長江邊上的一場大戰和一次大疫，成為了人所共知的歷史轉捩點。

這一年年初，曹操業已統一北方，坐擁天下十三州部中的九個；孫權雖已執掌江東八年，手中有的還只是半個揚州；而寄寓荊州七年的劉備，甚至根本沒有用武之地。

短短一年……

大勢逆轉，格局大變！

這一年之前，中國歷史主要表現為東西對抗，這一年之後，則變成了南北較量；

這一年之前，是四百年的治世太平，這一年之後，則是四百年的亂世紛紜；

這一年之前，曹操一統在望，這一年之後，曹、劉、孫則各據一方；

這一年之前，建安這個年號已經用了十二年，這一年之後，這個年號還要再用十二年。

上面這些，略通歷史者都能看得到，而看不到的往往才是關鍵。

比如：

這一年，五十四歲的曹操在成為大漢丞相的同時，也把三十歲的司馬懿召入了丞相府；

這一年，四十八歲的劉備與二十八歲的諸葛亮如魚水般交融，也如水火般難融；這一年，周瑜在赤壁之戰後逆流而上直取江陵，而孫權卻順流而下圍攻合肥；這一年，曹操痛失最心愛的兒子曹沖，而司馬懿卻喜得長子司馬師。

諸如此類，還有很多……

不管怎麼樣，在一切到來之前，歷史出奇地平常與平靜。

與以往一開春就搞出一些大動作不同，這年正月，北征歸來的大漢司空曹操只幹了兩件不起眼的小事。

第一件事，是在鄴（音同業）城西面挖了一個叫作玄武池的人工湖，然後在這裡操練水軍；第二件事，是以趙溫違規舉薦自己的兒子曹丕為藉口，奏免了這位朝廷元老的司徒一職。

相較於建安七年（西元二〇二年）正月為了溝通汴（音同便）水和淮（音同懷）水而修治睢（音同雖）陽渠，建安九年（西元二〇四年）正月為了運輸軍糧而讓淇（音同其）水改道進入白溝，挖個人工湖實在算不上什麼大工程。

相較於建安五年（西元二〇〇年）正月誅殺密謀叛亂的車騎將軍董承等人，以及建安十二年（西元二〇七年）二月一次性「**奏封大功臣二十餘人，皆為列侯**」，免掉一個官員的職務也不算什麼。

再者，如果與建安元年（西元一九六年）正月進軍豫（音同欲）州；建安二年（西元一九七年）正月討伐張繡；建安三年（西元一九八年）三月再伐張繡；建安七年（西元二〇二年）正月進軍官渡；建安八年（西元二〇三年）二月進攻黎陽；建安九年（西元二〇四年）二月進攻鄴城；建安十年（西元二〇五年）正月進攻南皮；建安十一年（西元二〇六年）進攻高幹，這些重大軍事行動相比，建安十三年正月發生的這兩件事似乎就更不算什麼了。

可是，別看這兩件事本身關係不大，只要再稍稍往遠處望一望、往深處想一想，就不難發現這兩件小事背後其實隱藏著大企圖。

挖池子、練水軍，很明顯是計畫要對遠處的南方動武，畢竟北方打仗什麼時候用過水軍？事實上，到了這一年的七月，曹操果真開始南征荊州的劉表了。

找藉口、免趙溫，雖然看起來是個獨立事件，但聯繫到這年夏天，曹操廢除三公官制，重新設置丞相和御史大夫，並且自己就任丞相這一系列事件，罷免趙溫背後的政治動機就一目了然了。

兩件小事，一件預示著軍事上的新征程，一件揭示出政治上的新進取，它們都是曹操在建安十三年這個春天播下的，收穫全年乃至未來更長時間的種子。

種子種下了，但種子的顆粒是否飽滿，最終結出的果實是否豐碩，卻需要進一步觀察。

這裡，先來分析一下這兩粒種子的成色。

關於挖池練軍，《三國志》與《資治通鑑》有著完全相同的記載：「**作玄武池以肄舟師**」。從方向上看，曹操的這一做法並無問題，既然已經基本完成了對北方的統一，征服南方自然是順理成章的事情，而征服南方就免不了要在江河上作戰，訓練水軍便是題中應有之義。

不過，在訓練水軍的方式或方法上，曹操的做法卻值得商榷。

首先，訓練水軍的方式有很多種，為什麼一定要「作玄武池」？既然要去南方打水仗，為什麼不去更靠近漢水和長江的地方訓練水軍呢？

再說了，就算要在北方訓練水軍也有的是地方，比如說位於鄴城東南方向約三百里的黃澤，那可是一個現成的、比玄武池大數倍的湖泊；再比如說位於鄴城正南方向的黃河，那可是至少能讓數百艘戰船逡巡游弋的地方；剩下的還有鄴城正北的大陸澤和黃河南岸的大野澤等等。挖池練兵這種捨近求遠的方式，能真正類比出南方的戰爭環境嗎？能讓士兵們伸展開手腳嗎？

再說了，就算挖池練軍能起到強化軍力、鍛鍊隊伍的目的，那為什麼偏偏要在鄴城挖，而不是在天子所在的許都，或者朝廷的舊都洛陽？

關於罷免趙溫，曹操的理由是「**溫辟臣子弟，選舉故不以實**」司徒趙溫征辟曹丕為僚屬並不是依據真才實學，而是因為曹丕是自己的兒子。

據《後漢書．李固傳》記載，東漢的確有過近侍大臣子弟不得被辟舉的詔令：「**詔書所以禁侍中尚書中臣子弟不得為吏察孝廉者，以其秉威權，容請托故也。**」不過，一直以來，這一詔令並未得到嚴格的執行。

同時，曹操當時擔任的是司空、冀（音同寄）州牧，嚴格來講，並不是天子身邊侍中尚書那樣的「中臣」。如果三公九卿的子弟都在禁止之列的話，當初曹操在熹平三年（西元一七四年）被舉薦為孝廉時，他的父親曹嵩（音同松）正在朝中擔任大司農、大鴻臚（音同盧）等九卿職務，不久後還當上了三公之一的太尉，這樣說來，曹操能夠得到舉薦恰恰是沾了「選舉不實」的光了。

再說，曹丕是真的沒有才學，趙溫也是真的不實事求是嗎？當時二十二歲的曹丕雖然不敢說才華四溢，至少也是初露崢嶸了。

如此看來，曹操對趙溫的罷免似乎有點小題大做，甚至是借題發揮了。

建安十三年，兩粒小種子，兩個大期待，布局不可謂不深，胃口不可謂不大。然而，一粒種子華而不實，另一粒種子實而不純，它們能結出累累的碩果嗎？

同時，兩粒種子本身似乎也存在一定的互斥性，一個要在對外軍事上締造新的輝煌，另一個要在對內政治上攀登新的高峰，真的能在一年內讓院裡院外都開花結果、芬芳四溢，最終盆滿缽滿嗎？

另外，曹操在播種，他的對手難道就無所事事嗎？「榻上策」、「隆中對」又何嘗不是魯肅和諸葛亮在孫權和劉備心中播下的種子？

「**草木漸知春，萌芽處處新**」建安十三年，隨著一粒粒種子的萌發，從鄴城到許都、從關東到關中、從中原到荊州、從江東到益州，在時空的變幻中，一場改變天下格局和歷史走向的大劇正在迅速鋪展開來……

目錄

第二章 江夏

第三章 襄陽

第四章 許都

第五章

關中

第一章　鄴城

曹魏可能是袁魏，北戰原本是南征。

翻看中國歷史，挖水池、練水軍這件事，曹操不是第一人，也不是最後一人。比曹操更早的是漢武帝。西漢元狩四年（西元前一一九年），漢武帝為了攻打南越國和昆明國，在長安城西的灃（音同豐）水、潏（音同決）水之間，類比西南地區的滇（音同顛）池開鑿了一個「**周圍四十里，廣三百二十頃**」的人工湖「**以習水戰**」，並取名昆明池。

與此行為類似，五代末年到北宋初年（西元九五七年至西元九八二年），當時的後周政權以及後來取代後周的北宋政權，也在都城開封的西面接力開鑿出了一個叫「金明池」的人工湖，其目的同樣是「**內習水戰**」，以征伐長江邊的南唐。

當然，說到這裡也不能不提位於北京城西的昆明湖。乾隆十五年（西元一七五〇年），因景仰漢武帝在長安開鑿昆明池操演水軍的事蹟，乾隆皇帝下令將頤和園內的西湖賜名為昆明湖，用以操練水軍。一百多年後，垂簾聽政的慈禧太后還專門成立了昆明湖水操學堂，甚至還動用了數萬兩海軍軍費來建設它。

既然雄才大略的漢武帝開了頭，並且後世追慕者絡繹不絕，看來曹操在城西挖池子這件事，十有八九也是在效仿漢武帝了。

然而，無論是「昆明」還是「金明」，不管是「池」還是「湖」，這些人工水面除了軍事訓練之外，剩下的後續功能就是休閒娛樂了。後來昆明池變成了漢武帝泛舟遊玩的好去處，金明池變成了「**中有臺榭以閱水嬉**」的皇家娛樂場所，而昆明湖及其所在的頤和園更是成了帝后的後花園。那麼，修鑿了玄武池的曹操是否也會在訓練水軍之餘悠然地蕩起雙槳呢？

另外，漢武帝是帝王，長安是帝都，而此時的曹操還只是大漢朝廷的司空兼冀州牧，此時的鄴城也只是冀州首府，此時去模仿漢武帝，曹操又懷了何種心思呢？

如果說挖池子練水軍已經有些怪異了，那麼更讓人疑惑的事情還在後面：遠征烏桓（音同環，亦作烏丸）回來後，停不下來的曹操竟然打破近三十年來一年數征的慣例，在長達半年的時間裡沒有展開任何軍事行動！這又是怎麼回事，莫非「驍勇善戰的將軍」變成「只想待在家的宅男」了？

快手緩步

回顧近二十年的軍旅生涯，曹操克敵制勝的一大法寶就是：快！即以令對手措手不及的速度，實現令人意想不到的戰役效果。

以官渡之戰為例。戰前，曹操北面有強敵袁紹的重壓，南面有荊州劉表和張繡的威脅，西面有關中馬騰和韓遂的虎視，東面有徐州劉備的復叛，可謂四面受敵，顧此失彼。為此，曹操先是親自進軍黎陽，同時命令臧（音同髒）霸等人進入青州，讓于禁屯駐於黃河上游，又分兵把守官渡，早早地為與袁紹的決戰設下了黃河與官渡，這一前一後兩道防線。

隨後，曹操迅速回到許都，眼睛緊盯著關中、荊州和徐州。在收降了張繡、孤立了劉表、穩住了關中之後，曹操看準袁紹「**性遲而多疑，來必不速**」、劉備「**新起，眾心未附，急擊之必敗**」的弱點，以令人難以置信的速度揮師向東，令劉備望風而逃。整個戰役，開始於建安五年（西元二〇〇年）正月，結束於建安五年正月，前後一、二十天的工夫，輕鬆避免了兩線作戰的風險，時間的算盤打得相當精準。

建安五年二月，擊潰徐州劉備的曹操，迅速奔向黃河岸邊，在白馬之戰中斬殺了袁軍大將顏良、延津之戰斬殺了袁軍大將文醜，進而將袁軍帶入了預設的決戰地點：官渡。隨後，在雙方僵持了兩個多月之後，曹操不僅奇襲烏巢，一把火燒了袁軍的糧草輜重，而且迅速回防大本營，徹底擊碎了袁紹翻盤的美夢。所有這一切，都在於「快」。

官渡之戰如此，北征烏桓同樣如此。建安十二年（西元二〇七年），針對雨水連綿、行軍遲緩的情況，曹操接受郭嘉「**兵貴神速**」的建議，留下糧草輜重，率領輕兵星夜兼程，出盧龍塞奇襲烏桓老巢柳城，不但斬殺了烏桓首領蹋頓，而且收降了其二十餘萬人眾。

不僅曹操，他手下的眾將也是一個比一個快，就拿心腹大將夏侯淵來說，打仗時「**赴急疾，常出敵之不意**」，甚至能夠以「**三日五百，六日一千**」的速度進行長途奔襲、連續作戰。

在那個爭強鬥勝的競爭時代，曹操享受著戰爭帶來的「快感」，也用速度解決了兩個問題：其一是戰場主動權問題，藉著「說曹操，曹操到」的速度，使敵人猝不及防，實現閃擊；其二是人力成本問題，由於快速機動，人馬就像貨幣一樣流動起來，一塊錢不能掰成兩半來花，但一個兵卻可以當成兩個兵來用，人力資源的價值得到了最大限度的發揮。

而因為「快」，奔波在外似乎成了一種常態。從初平元年（西元一九〇年）開始，除了彷徨等待、尋找方向的初平二年（西元一九一年）春夏，「半年一征」幾乎是曹操的鐵律。

討董卓、擊黑山、打匈奴、破黃巾、敗袁術、侵陶謙、伐張繡、攻劉表、擒呂布、征劉備、禦袁紹、殺袁譚、滅高幹、襲烏桓，長期以來，曹操不是在打仗就是在打仗的路上。

曹操在建安十三年之前的軍事活動

年分	軍事活動	
	上半年	下半年
初平元年（西元 190 年）	汴水之戰，敗於董卓部將徐榮	揚州募兵；屯兵河內
初平二年（西元 191 年）	不詳	引兵入東郡，攻破白繞
初平三年（西元 192 年）	擊破黑山眭（音同雖）固、匈奴於扶羅；進入兗（音同眼）州，迎擊黃巾軍	追擊黃巾軍於濟北
初平四年（西元 193 年）	匡亭之戰，擊敗袁術	率軍進攻陶謙
興平元年（西元 194 年）	第二次進攻陶謙	濮陽之戰，敗於呂布
興平二年（西元 195 年）	定陶、巨野、東緡（音同民）等地三次擊敗呂布	攻占雍丘，收復兗州
建安元年（西元 196 年）	擊敗汝南、潁（音同穎）川黃巾軍	迎漢獻帝到許縣，擊敗楊奉
建安二年（西元 197 年）	進攻張繡，張繡先降後叛	進攻袁術；第二次進攻張繡
建安三年（西元 198 年）	第三次進攻張繡	進攻呂布，取得徐州
建安四年（西元 199 年）	進攻眭固	進軍黎陽；返回許都
建安五年（西元 200 年）	東征劉備；白馬之戰；延津之戰	官渡之戰，擊敗袁紹

年分	軍事活動	
	上半年	下半年
建安六年 （西元 201 年）	倉亭之戰，再敗袁紹	南征劉備
建安七年 （西元 202 年）	駐軍譙（音同樵）縣；進軍官渡	黎陽之戰，數敗袁譚、袁尚；派鍾繇（音同由）包圍並迫降南匈奴
建安八年 （西元 203 年）	攻破黎陽；進軍鄴城；還軍許縣	進攻劉表，駐軍西平；結盟袁譚，北上黎陽
建安九年 （西元 204 年）	包圍鄴城	擊敗袁尚；攻取鄴城；東攻袁譚
建安十年 （西元 205 年）	攻殺袁譚，取得冀州	攻破趙犢；派兵進攻高幹
建安十一年 （西元 206 年）	擊敗高幹，取得并（音同冰）州	東征管承
建安十二年 （西元 207 年）	北征烏桓	大破烏桓

可是，當時光之輪走到建安十三年（西元二〇八年），曹操征伐的腳步卻一下子停了下來。從正月到六月，曹操沒有任何軍事動作，翻遍諸多史書勉強能算是軍事行為的唯一記載，就是那句「**作玄武池以肄舟師**」了。對此，史學家可以解釋為曹操在為南征做準備。可是，如果真要做準備，真是在認真做準備，為什麼還要大費周章地挖池子呢？如果真要挖池鑿渠的話，難道不應該到南方前線去挖鑿嗎？

實際上，曹操之前為了軍事目的的確挖鑿了不少溝渠。建安九年（西元二〇四年），曹操北渡黃河、征伐袁尚時，曾經「**遏淇水入白溝**」，目的是疏通向北的運糧水道。建安十一年（西元二〇六年），曹操為了征討烏桓，專門開鑿了兩條渠，一條「**自呼沲入泒水**」，取名「平虜渠」；另一條「**從泃河口鑿入潞河**」，取名「泉州渠」。可是，玄武池卻不一樣，它並不具備運送軍糧的功能和價值，用來操練水軍又顯得華而不實。那麼，曹操開鑿玄武池到底意欲何為？

眾所周知，曹操是一個相當節儉也相當務實的人。據載，建安年間，曹操為了節省糧食，頒布了禁酒令。因為禁酒，曹操甚至得罪了以「**坐上賓常滿，樽中酒不空**」為追求的名士孔融，為此二人還專門論戰了一番。曹操不僅要求部下節儉，自己也率先垂範，據後來成為魏國侍中的衛覬（音同寄）描述，曹操日常「**食不過一肉**，

衣不用錦繡，茵蓐不緣飾，器物無丹漆」一句話，怎麼簡單怎麼來，怎麼實用怎麼來。曹操的這種節儉，一方面源於個人性格，一方面源於現實條件，在生存競爭的叢林中，怎麼敢好大喜功、鋪張浪費？「**奢淫肆欲，征斂無度**」的袁術一開始也是跨州連郡，好不威風，但到最終臨死的時候連想喝碗蜂蜜水都成了一種奢望。

如此看來，開鑿玄武池，曹操必然還有更加實用主義的考慮，那究竟是什麼呢？答案就是兩個字：建設。

種種跡象表明，開挖玄武池只是曹操龐大造城計畫的其中一環。在曹操的規劃中，他要建的是一座史無前例的新城。

此時，曹操清楚地知道，鄴城必須要改變秦咸陽城、漢長安城在空間布局上的雜亂無章，必須要改變之前都城之中處處是宮城的「君貴民輕」格局，必須要改變限制商業活動的「面朝後市」格局。

這座城應盡可能方正，不能如前漢長安城和後漢洛陽城那般分散且不規則；

這座城要有明確的功能分區，宮室官署、里坊街市各安其所；

這座城要兼具軍事、商業、園林等多種功能，既利防衛，又利商貿，還利居住；

這座城中只需要一座宮城，沒必要如前漢的長安城那般，宮城占了全城的三分之二；

這座城要有對稱的中軸線，主要道路要正對城門，以方便人員、貨物進出；這座城的城牆四周要有角樓，以利於軍事防衛。

此時，曹操也許並不知道，正是他開創了城市中軸對稱布局的先河，首創了城市幹道與皇宮丁字交會的新格局。此後，鄴城不僅將成為曹魏、後趙、冉魏、前燕、東魏、北齊六朝的都城，而且會成為中國二世紀至六世紀長安等都城建設的典範，甚至對明清北京城的規劃都有很大影響。

瞭解了曹操關於鄴城的宏偉規劃後，再來看鄴城旁邊的玄武池，求解上面的各種疑問似乎就容易多了。

在太行山東麓和河北平原西部的交界地帶，發源於太行山的漳水和洹（音同環）水衝擊出了一塊更小的平原，鄴城就坐落於此。

鄴城緣山而建，也緣山而危。初平四年（西元一九三年），利用袁紹離開鄴城的空檔，黑山軍於毒部借助西山到鄴城居高臨下、一馬平川的優勢，與魏郡叛軍一起占領了鄴城。建安九年（西元二〇四年），聽說袁尚循西山而來救援被曹軍包圍的鄴城，曹操的手下還是有些擔心的。

鄴城因水而興，也因水而困。建安九年，曹操就是在圍城挖溝塹、決漳水淹城之後，才攻入鄴城的。

總之，一句話：有山有水是好事，但也是一件麻煩事。

占據鄴城後，曹操圍繞興山水之利、除山水之弊費了不少心思，而挖鑿玄武池就是這一番思量的成果之一。那麼，玄武池又能興何利、除何弊呢？

首先，一旦挖了玄武池，無形中就相當於在流經鄴城的漳水上，建了一座疏解上游來水的水庫，不管是自然洪災還是人為決灌，玄武池都能予以化解。

其次，開挖玄武池也相當於在西山與鄴城之間建了一個隔離帶，敵人再也不能藏在西山出其不意地攻擊鄴城了。

再次，開挖玄武池，相當於在城邊建了一個水軍基地，不僅有利於防範來自漳水、洹水等的水上襲擊，同時也將構築起一個水陸結合的城防體系。

最後，開挖玄武池所取出來的土，還可以作為城市建設的原材料。雖然不知道此時的曹操是否已經為那座即將建設的高臺想好了「銅雀臺」這一名稱，但用挖出來的土來建設高臺的這一想法，估計早已納入了曹操的整體規劃之中，甚至不排除這種可能：曹操先有建設高臺的想法，然後才動了挖池取土的腦筋。如果真是這樣的話，這座高臺此時八成已經完成規劃設計並選址動工了。

如此看來，除了利用玄武池操練水軍之外，曹操開挖玄武池還考慮了水量調節和軍事防禦等多種功能，不可謂不謀深慮遠。

不過，接下來又有問題了：曹操為什麼對鄴城如此上心？怎麼沒見到曹操對許都、洛陽、鄄（音同眷）城等其他任何一座城想得如此周到？

地利人和

曹操第一次進軍鄴城，是在建安八年（西元二〇三年）四月。對此，《三國志．魏書．武帝紀》作了如下記載：「**夏四月，進軍鄴。五月還許，留賈信屯黎陽。**」曹操在四月分進軍到了鄴城，五月分回到了許都，留下一名叫賈信的將領屯駐在了鄴城南面、黃河北岸的黎陽。

這段描述，簡短到了不能再簡短的程度，因此也留下了不少疑問：曹操進軍鄴城後，有沒有發動進攻？進攻的結果如何？為什麼迅即回師？

上面三個疑問，最容易回答的是第一個。試想，既然都已經兵臨城下了，能不打嗎？不管真打假打，仗還是要打的，不然大老遠的行軍豈不是白跑了？再說了，當時曹軍是「**連戰數克**」的狀態，總不可能一到鄴城就自己認輸了吧？

相對容易回答的是第三個。據《三國志．魏書．郭嘉傳》記載，針對節節勝利的大好形勢以及將領們「**乘勝遂攻**」的昂揚心氣，郭嘉對曹操說了這樣一段話：「袁紹對他的兩個兒子都很喜愛，結果到最後也沒有確定誰為繼承人。加上又有郭圖、逢紀分別做他們的謀臣，必定會挑起他們之間的鬥爭，令其離心離德。我們進攻得急迫，他們就會相互支持；我們進攻得緩慢，他們就會產生爭鬥。既然這樣，我們不如做出向南進攻劉表的樣子，等他們之間的關係發生變化後，再進攻他們。」

《三國志．魏書．武帝紀》後面的記載，呼應了《郭嘉傳》中的判斷和建議：「**八月，公征劉表，軍西平。公之去鄴而南也，譚、尚爭冀州。**」曹操真做出了征伐劉表的姿態，而袁譚、袁尚兄弟也真的變成了彼此相爭的鷸蚌。

如此看來，前面提出的第二個問題就不需要回答了，無論曹操攻鄴是成是敗都不重要了，重要的是利用撤軍來引起袁家兄弟倆的內鬥，而撤軍的最後理由就是攻城失敗。

如果史書上的記載只有上述這些，那麼一切就都明白了：夏四月，曹操乘勝進軍到了鄴城，原本打算攻下鄴城的曹軍在郭嘉的建議下，佯裝攻城失敗，於是回師許都。

可是，曹軍真能就這樣戛然而止嗎？曹操真的就這樣知進知退、進退自如嗎？曹操五月分回到許都後的兩道教令似乎露出了馬腳。

第一道教令發布在五月二十五日。在這篇被後世稱為《敗軍令》的教令中，曹操首先引述了古代《司馬法》中「**將軍死綏**」，即「將軍敗退就要處死」的說法，接著又舉出了戰國時趙括的母親在長平之戰前，請求趙王不要讓她日後因兒子戰敗而受連累的例子，進而得出結論：古代為將者如果在外打了敗仗，連家人都要跟著受懲罰。

隨後，曹操回顧了自己自從領兵以來，對將領只獎賞有功，而從未懲罰有罪之人的做法，認為這並不符合國家的法度。

最後，曹操宣布：「**諸將出征，敗軍者抵罪，失利者免官爵。**」以後將領出征，軍隊被打垮的要抵罪，作戰失利的要免除官職和爵位。

第一道教令發布沒幾天，曹操又發布了第二道教令。

與第一道教令中明確提出的制度性問責相比，這篇被後世稱為《論吏士行能令》

的教令更像是在講道理，而所要講的道理也很明確：「**明君不官無功之臣，不賞不戰之士；治平尚德行，有事賞功能。**」和平時期看品行，戰爭時期看能力，現在看的就是功績和能力。

在曹操的眾多教令中，這種專門針對將領和吏士，並且措辭嚴厲的教令極為罕見，「兩連發」更是絕無僅有。節節勝利、進軍鄴城、回師許都、訓誡將領，如此就需要重新審視鄴城之下那些事的前因後果了。試想，鄴城是什麼地方？那可是袁紹苦心經營了十多年的大本營，如果一舉拿下鄴城，袁氏兄弟還有多少抵抗的資本？還用得著佯裝南征以誘發他們內鬥嗎？

所有這一切只有一個解釋：鄴城，曹操是真打了，結果卻被打敗了。受挫之下，善於腦筋急轉彎的郭嘉出了個欲擒故縱的新主意，既給曹操找了個臺階，也為曹軍規劃了新的策略。

事情的因果清楚了，鄴城的地位和價值也就明朗了：作為冀州的首府和袁氏的大本營，鄴城絕不是一個曹操想得就能得的城池。

此後的事實進一步印證了這一點。建安九年（西元二〇四年）二月，利用袁尚進攻袁譚、鄴城相對空虛這一個有利時機，曹操再次展開了對鄴城的進攻。這一次，曹操展開了全方位的立體攻勢，既堆土山又挖地道，既親自掃清週邊敵人又放水淹沒守城敵軍。即使這樣，守城的審配還是堅守了半年之久。最後，要不是審配的侄子審榮半夜打開城東門引曹軍入城，何時拿下鄴城及能不能拿下鄴城，還真不好說。

如果說，曹操經由兩次攻鄴認識到了鄴城的價值的話，那麼在進入鄴城後，他重新認識的就不只是鄴城，而是整個冀州了。

入城後不久的一天，曹操高興地對身邊的別駕從事說：「昨天我核查冀州的戶籍，竟然有三十多萬人，所以它依然還能稱得上是大州啊！」一個州三十萬人，在治平之世也就相當於一個郡的人口規模，但在「**白骨露於野，千里無雞鳴**」；「**萬姓以死亡**」；「**生民百遺一**」的亂世，經過袁氏這樣一番折騰，仍能留下這麼多詳細登記的戶籍人口，的確很不容易了，換作誰都要喜上眉梢了。

盤點完鄴城內的資產，曹操來到了袁紹的墓前。

面對這個自己兒時的玩伴、昔日的盟友以及後來的死敵，曹操感慨萬千，淚涕橫流，情不自禁地回憶起了過往的點點滴滴：少年時，一起夜闖民宅搶人家的新媳婦；青年時，一起在洛陽奔走解救那些被宦官迫害的士人；壯年時，一起關東起兵討伐專權的董卓，南北聯手合力擊敗袁術的挑釁……

在這些歷歷如昨的回憶中，曹操尤其想到了一段十四、五年前的聊天。

那時，關東的一些州牧、刺史以及郡守們剛剛組成了關東聯軍，大家正在如火如荼地謀劃著如何消滅把持朝廷、殘暴肆虐的董卓，但身為聯軍盟主的袁紹，卻與曹操談到了另一個話題。

當時，袁紹和曹操或許正騎在馬上眺望遠方，或許正坐在榻上把酒言歡，抑或正立於帳中共商軍事，總之氣氛相當融洽。

首先，袁紹挑起了話題：「**若事不輯，則方面何所可據？**」假如我們討伐董卓不成，你準備依託哪裡進行據守和發展？

「**足下意以為何如？**」曹操並未直接作答，而是反問袁紹的打算。

「**吾南據河，北阻燕、代，兼戎狄之眾，南向以爭天下，庶可以濟乎？**」我準備在黃河之北的冀州一帶建立根據地，南面據守黃河，北面憑藉燕山山脈，逐步兼併收攏戎、狄等少數民族，然後向南爭奪天下，這樣估計就離成功不遠了！袁紹一股腦拋出了自己的全盤計畫。

「**吾任天下之智力，以道禦之，無所不可。**」意思是說，我將任用天下有智慧和能力的人，以道義相號召，無論在哪裡都能成功。就這樣，曹操提出了與袁紹的「地利論」不同的「人和論」。

據載，曹操聊完自己的觀點後，還不忘評價一下袁紹的規劃：「**湯、武之王，豈同土哉？若以險固為資，則不能應機而變化也。**」意思是，商湯王、周武王改朝換代難道是憑藉著同一塊土地嗎？僅僅依靠地理上的險固，恐怕不能待時而動、應機而變吧！

一個看重地利，一個注重人和，孰優孰劣，到現在終於見了高下。可是，如今的曹操卻開始重新審視起當年彼此的規劃。

自己的「人和論」固然抓根本利長遠，但袁紹的「地利論」難道就沒有可取之處了嗎？

據《尚書．禹貢》記載，大禹將天下分成了九個州時，冀州被排在了九州之首。《史記．夏本紀》說：「**禹行自冀州始**」，意思是大禹治水這一功業是從冀州開始的。《春秋穀梁傳》說：「**冀州者，天下之中州，自唐虞及夏殷皆都焉，則冀州是天子之常居。**」冀州是天下的中心，也是天子的常住地。此後，冀州作為九州之首和天下中土的地位被不斷強化，《楚辭》、《淮南子》、《漢書》等典籍對之均有記載。《禹貢》中，冀州下轄範圍涵蓋了整個黃河以北地區，到了漢代才從冀州分出了幽州和并州，現在冀州下轄的郡國數量雖說從二十八個減少到了九個，管轄範圍縮小到與春秋時的晉國面積大致相當，但冀州仍不失為國之中土和「**天下之重資**」。

事實上，正是在二人聊天之後，袁紹一路北上，不僅用計從韓馥手中取得了冀州，而且用近十年時間占據了黃河以北的冀、幽、青、并四州之地，居高臨下地覬覦著黃河之南的中原地帶。可以說，袁紹藍圖的實現率是百分之百，並且也由此成為群雄之中第一個擺脫了生存壓力、能夠影響歷史走向的諸侯豪強。

如此看來，如果後來統一北方的不是曹操而是袁紹，那麼北方政權的國號很可能還是「魏」，因為鄴城所在的魏郡原本就是袁紹的大本營。只不過，這個「魏」將不是「曹魏」而是「袁魏」罷了。

吃不著葡萄時，你可以說它酸，但把葡萄含到了嘴裡時，曹操還會說它酸嗎，還能理直氣壯地說出那句「若以險固為資，則不能應機而變化也」的輕蔑之語嗎？

鳩占鵲巢

「鳩占鵲巢」這一成語，出自《詩經．召南．鵲巢》中的「**維鵲有巢，維鳩居之**」意思是說，鳲鳩因為不會做巢，所以常常強占喜鵲的巢，本指女子出嫁後定居於夫家，後用來比喻強占別人的住處。

如果說鄴城原本是袁紹經營了多年的巢穴的話，那如今已經被曹操當作老巢來使用了。

據曹丕日後在《典論．內誡》中回憶，建安九年（西元二〇四年）曹軍剛剛攻陷鄴城，十八歲的他就進入了袁紹的府邸，當時他「**親涉其庭，登其堂，遊其閣，寢其房**」，感受著「**棟宇未墮，陛除自若**」的規整與舒適。

曹丕對袁家的庭、堂、閣、房都進行了細緻描述，但他卻有意或無意地漏寫了這次遊覽的最大收穫。

據《三國志．魏書．甄后傳》記載，「**及冀州平，文帝納後於鄴**」，平定冀州後，曹丕在鄴城納了一名甄氏女子為婦。對於這樣言簡意賅的一段話，裴松之透過注引《魏略》的方式，留下了當時的具體情形。

曹丕進入袁府時，袁紹的妻子劉夫人和她的二兒媳也就是袁熙的妻子甄氏，正跪坐在廳堂上，等候發落。看到曹丕闖入，驚恐的甄氏不自覺地把頭伏到了自己婆婆的膝蓋上，而袁妻則不停地叩頭。原本，甄氏的頭在袁妻的膝蓋上，袁妻又俯身求饒，這樣一來甄氏的臉就徹底被遮住了。

也許曹丕從甄氏的身姿中感覺出來是個美人，也許曹丕生性就對年輕女子感興趣，總之，曹丕此時禮貌地說了一句：「劉夫人怎能這樣呢？快讓您兒媳婦抬起頭來吧！」

這是兩句毫無關聯的話，原本只說前一句話就足夠了，可是曹丕卻偏偏畫蛇添足地加了那麼一句，而這多加的一句往往才是真正的重點。

身為袁紹的妻子，劉夫人自然也是見多識廣的人，看到甄氏依舊羞怯地深埋著頭，索性自己用手把兒媳婦的臉蛋捧了起來。這一捧不要緊，曹丕只看了一眼，目光就再也移不開了。

面對這個「**顏色非凡**」的美人，曹丕不由地「**稱歎之**」。隨後不久，這事就傳到了曹操耳朵裡。知道了兒子的心思後，曹操很快就為他迎娶了甄氏。

這樣，甄氏就從袁紹次子袁熙之妻，變成了曹操次子曹丕之妻。如此看來，當初曹丕在袁府「寢其房」時，想必不是孤枕。

當然，關於曹丕納甄氏這件事也有另一種傳說。說是曹操之前也早就想占有甄氏，因此在入城前還專門下了任何人不得先入袁府的禁令，可是偏偏被自己的兒子搶先，結果曹操只能順水推舟地成全他了。

沒錯，曹操喜歡將別人妻妾據為己有不假，張繡投降後他霸占了張繡的嬸嬸、張濟之妻這件事情，就明確無誤地記載在《三國志》中。而在裴松之為《三國志》所作的注中，更是兩處記載了曹操自納呂布部將秦宜祿之妻這件事。據說，為此還弄得之前「**乞納宜祿妻**」的關羽「**心不自安**」。

可是，要說曹操與兒子搶女人，可能性卻微乎其微。一則不僅正史上無載，就算一些不那麼可靠的史籍上也沒有明確記載；二則與接管袁家後院的女色相比，袁家前院以及院外的那些東西恐怕更吸引曹操。

建安九年（西元二〇四年）九月，剛剛攻陷鄴城的曹操，馬上以朝廷的名義給自己安了一個新頭銜：冀州牧。

在此之前，冀州牧一職由曹操的心腹董昭擔任，鑒於冀州實際掌握在袁紹手中並且袁紹一直自稱冀州牧，因此董昭這個冀州牧只能算是遙領。這一任命也更像是給董昭的一種政治待遇，算是對他此前貢獻的一種認可——無論在迎立漢獻帝還是在平定河內郡的過程中，董昭的表現都可圈可點。此外，因為董昭是從袁紹身邊輾轉來到曹操麾下的，當初讓董昭擔任冀州牧，也有政治上的考慮，這既是對袁紹的一種羞辱，也是招降納叛的一種宣示。

如今，冀州已經實實在在地掌握在了自己手中，曹操怎麼可能還讓一個心腹謀士占據如此高位？不過，由於司空曹操同時還兼領豫州牧和兗州牧，再加上這次的冀州牧，真是有點多吃多占了。於是，曹操讓出了自己擔任了十二年的兗州牧。

一個是自己賴以起家的兗州，一個是袁紹賴以起家的冀州，兩相比較，曹操毫不猶豫地選擇了冀州，這並不是曹操生性喜新厭舊，而是因為冀州著實讓人愛不釋手。

既然當上了冀州牧，曹操就要在冀州做點事情。

曹操的第一個大想法是擴州。按照《尚書．禹貢》中所描述的範圍，作為九州之首的冀州應該囊括了整個黃河以北的廣大地區，如今冀州只是河北四州之一，雖說地位最重，但面積卻大不如前。既然這樣，為什麼不把冀州的管轄範圍恢復到大禹時期設定的疆域呢？如此，冀州虎踞北方、俯視天下的氣象不就出來了嗎？

然而，曹操的這個想法卻遭到了謀士荀彧（音同巡玉）的反對。

為什麼？因為牽一髮而動全身，如果調整了冀州的範圍，必然會把其他州的地盤劃入在內；而一旦有了重新劃分地盤的先例，其他人就會認為自己的地盤也有被重新調整的可能；這樣，原本就人人自危的各方將領，人心就更不穩定了，也就沒有人再想歸順了。所以，還是暫時不調整為好，等四海平定之後，再議不遲。幾句話說得曹操口服心服，暫時擱置了擴大冀州的事情。

地是死的，人是活的。雖然既有版圖不能輕易調整，但土地上的人口卻可以大規模遷移，於是，在把自己的統治中心逐步向鄴城轉移的同時，曹操啟動了第二個大想法：遷移人口。

桃李不言，下自成蹊。觀察到主公的這一動向後，老家位於兗州山陽郡乘氏縣（今山東菏澤城區）的都亭侯李典，就向曹操提出了自己的請求：希望能把居住在乘氏的李氏宗族及其部曲一共三千多家全部遷到魏郡。

聽到李典的請求，曹操笑著說：「你是想效仿耿純嗎？」

曹操話雖然不長，但一下子讓李典的搬家申請具有了歷史高度。下面，先簡略介紹一下耿純的事蹟。

作為輔佐漢光武帝劉秀建立東漢帝國的雲臺二十八將之一，耿純出身於巨鹿大族耿氏家族，父親耿艾就曾經擔任新莽朝廷的濟平尹（相當於東漢時曹操早年擔任過的濟南相）。耿純早年就學於長安，被授予納言士的官職。可是，綠林赤眉起義之後，耿純放著眼前新莽朝的厚祿和更始帝給的高官不要，一心一意跟定了當時還只是更始帝手下行大司馬事的劉秀。自己跟隨還不算，他還拉上了耿訢（音同欣）、耿宿、耿植等幾個堂兄弟乃至整個耿氏宗族，加起來一共二千多人。

創業初期，劉秀走到哪裡，耿純就帶著宗族和部曲跟到哪裡，宗族中那些年老體弱的甚至一路上都帶著棺木。據載，為了防止族人和賓客中有人戀故土、開小差，耿純甚至把老家的房屋全燒了，以「**絕其反顧之望**」。

這一次，對於李典舉家遷移的申請，曹操自然是頗感欣喜。二百年前，耿純帶著的是二千多人，而如今李典帶來的卻是三千多家，一萬三千多人，這規模、這決心那是相當大。你說曹操能不高興嗎？

實際上，曹操的話音剛落，李典就表態了：「我這個人駑鈍怯弱，功勞微小，而爵位寵信卻十分優厚，實在應該帶著整個宗族來報效您；加上現在戰爭並未停息，應當充實鄴城周邊，以便治禦四方，我並不是效仿耿純，而是出於現實的考慮。」前半句話聊主觀願望，後半句話談客觀需要，話雖不長，但相當到位。

曹操誇得到位，李典答得也到位。但僅限於口頭表揚，恐怕還難以產生顯著的激勵和示範效應。於是，讚賞之餘，曹操又將李典從捕虜將軍提升為破虜將軍。要知道，這次晉升距離李典獲封都亭侯、升任捕虜將軍只有幾個月的時間。

有了李典的示範，效仿者一個接一個。

建安十年（西元二〇五年），曹操在南皮打敗了袁譚，負責青州和徐州軍政事務的臧霸帶著手下眾將專門趕來向主公表示祝賀。宴會之上，臧霸提出了一個請求：懇請主公讓自己的子弟和眾將的父兄家屬都遷到鄴城來。

聽完臧霸的請求，曹操說了這樣一段話：「諸位的忠心何必要如此來表現呢？從前蕭何派遣子弟入京侍奉，漢高祖沒有拒絕；耿純燒掉房舍載著棺材追隨，光武帝也沒有阻攔。現在，我又怎麼好意思改變前人的做法呢！」

先客氣一下，再誇上一誇，最後欣然同意，看得出，曹操的確是在鼓勵大家都來鄴城。

看到遠道而來的李典和臧霸如此爭先恐後，鄰近的并州刺史梁習自然也不甘落後。為了充實鄴城的人口，同時也為了消除并州的潛在隱患，梁習把并州豪族、官吏、士兵的家屬分期分批地遷往鄴城，前前後後一共送去了好幾萬人。於是，鄴城以及它所在魏郡的人口，就這樣你幾千、我幾萬地多了起來，沒幾年工夫就變成了整個北方人口最稠密、經濟最繁盛的中心城市。

不過，有取就有捨，有得就有失。除了順水推舟地成全了兒子，堂而皇之地成就了自己，大張旗鼓地增加了人口，鳩占鵲巢的曹操也不是一點東西都沒給袁家留下。事實上，在攻占鄴城不久，曹操不僅祭奠了袁紹，而且「**慰勞紹妻，還其家人寶物，賜雜繒絮**」，還讓公家負責袁家人糧食、衣物等生活用品的供應，照顧得可謂周到。

當然，曹操把到手的東西又返還回去，並不是因為他憐惜袁家、甘心給予，而是因為他想經由這樣的小表示來收穫河北的人心。據說，袁紹亡故時，冀州百姓如同失去親人般悲痛欲絕，市井閭巷灑滿眼淚。

如今，曹操雖然取得了冀州的土地，要取得士心、民心，還要毫不鬆懈地展開一系列工作。

建安八年（西元二〇三年）七月，在征伐的間隙，曹操發布了《修學令》。在此令中，曹操對國家動亂以來「**後生者不見仁義禮讓**」的社會風氣甚為痛心，為此不僅「**令郡國各修文學**」，而且定下「**縣滿五百戶者置校官**」的制度，推動正規的學校教育逐漸恢復。

建安九年（西元二〇四年）九月，攻下袁紹大本營鄴城，奪取了整個冀州的曹操，先後發布了《蠲（音同捐）河北租賦令》和《抑兼併令》。

《蠲河北租賦令》明確「**河北罹袁氏之難，其令無出今年租賦**」。黃河以北地區長期遭受袁紹帶來的災難，這一地區今年就不用繳納田租賦稅了。

《抑兼併令》針對袁紹統治時期「**豪強擅恣**」、「**下民貧弱**」的情況，明確了田租和戶調的徵收標準，即「**其收田租畝四升，戶出絹二匹、綿二斤而已，他不得擅興發**」，並且專門強調「**郡國守相明檢察之**」，千萬不能出現「**強民有所隱藏，而弱民兼賦**」的情況。

建安十年（西元二〇五年）正月，基本將袁氏勢力逐出河北的曹操下達了《赦袁氏同惡令》，明確「**其與袁氏同惡者，與之更始**」，意思是那些以前與袁氏一起幹壞事的人，現在都有改過自新、重新做人的機會。同時，為了規範社會秩序，曹操還下令老百姓不得泄私憤、報私仇，嚴禁厚葬，違令者一律繩之以法。

同年九月，曹操又頒布了《整齊風俗令》。令中，曹操列舉了四種「**阿黨比周**」、「**以黑為白，欺天罔君**」的行為，並表達了自己「**欲整齊風俗，四者不除，吾以為羞**」的決心。

建安十一年（西元二〇六年）十月，曹操基本奪取了整個河北地區後，發出了《求言令》。

令中，曹操首先提出了「**治世禦眾，建立輔弼，誡在面從**」的觀點，讓眾人千萬不要對自己唯命是從，而應該堅持問題導向，大膽進言。

為此，曹操還專門命令「**自今以後，諸掾、屬、治中、別駕，常以月旦各言其失**」，透過大家每月初一提交報告的方式，從機制上保證言路的暢通。

最後，曹操還專門強調「**吾將覽焉**」，報告我會親自看的，你們別想隨便應付差事！

同樣是在建安十一年，曹操為了恢復和發展生產，開始「**廣置屯田**」，將原本只在許都周圍進行的屯田制度在更廣範圍內推廣開來。為此，他專門讓司空掾（音同院）屬國淵主持這項工作，而國淵則「**屢陳損益，相土處民，計民置吏，明功課之法**」，把這件事做得有聲有色。

據載，在曹操正式出道之前，曾經專門拜訪過善於識人評人的名流許劭，請許劭給自己一兩句評語。

結果，好說歹說，許劭送了他一句話：「**子治世之能臣，亂世之奸雄。**」意思是說，你在治平之世會成為一個能臣，在紛亂之世會成為一個奸雄。

如今，整個北方已經由亂趨治，曹操的能臣潛質也的確到了發揮的時候了。

燕趙之士

要做「治世之能臣」，就需要「任天下之智力」。因此，除了從外地遷入人口，曹操也特別注重從冀幽大地上發掘人才。

冀州名士崔琰原本是袁紹手下的騎都尉，但嚴格自律、直言敢諫的他卻很不討袁紹喜歡。袁紹的手下為了充實物資、壯大軍力而偷墳掘墓時，崔琰勸諫袁紹「**掩骼埋胔**」以顯示仁德之心；袁紹練兵備戰、揮師南下時，崔琰認為「**天子在許，民望助順**」，勸袁紹「**守境述職**」，不要主動出擊。袁紹去世後，袁譚和袁尚都想得到崔琰的支持，結果崔琰卻以生病相推辭，搞得被袁尚關進大牢，差點丟了性命。

曹操入主冀州後，崔琰被任命為州別駕從事，幫助曹操處理冀州政務。實際上，曹操那句「**昨案戶籍，可得三十萬眾，故為大州也**」，就是對崔琰說的。

可是，崔琰聽到這句話的反應卻頗讓曹操下不了臺：

「如今天下分崩、九州割裂，袁氏兄弟大動干戈，冀州百姓屍橫遍野。這邊沒聽說您實行仁政，瞭解風俗，救民水火，反倒是審看戶籍，計算甲兵，把這些作為頭等大事，這難道是州裡的男女老少所期望於您的嗎？」

這幾句話，崔琰說得理直氣壯，大義凜然，在場的賓客幕僚們卻個個嚇得面如土色，趴在地上誰也不敢說話。袁紹當權時你向袁紹頂嘴，曹操主政後你頂嘴曹操，你頭上到底長了幾個腦袋呀！你這個冀州城門口的標杆人物可以不在乎，可是我們這些城邊的「池魚」吃不消啊！

然而，令人沒想到的是，雖然被說得下不了臺，曹操卻沒有因此惱怒，反而鄭重地向崔琰表示了歉意。之後，曹操頒布《蠲河北租賦令》、《抑兼併令》、《整齊風俗令》、《求言令》，恐怕與崔琰的這次諫言不無關係。

如果說，崔琰因為耿直被曹操賞識，那麼袁譚手下的別駕王修，則是因為義氣而被曹操重用的。

早年，北海人王修以勇於打黑除惡、善於救人急難而聞名。孔融擔任北海相時，曾經任命王修為主簿兼代理高密縣令。當時，面對高密大族孫氏包庇搶劫犯而官員們不敢進入孫家抓人的局面，王修一句「**敢有不攻者，與同罪**」，硬生生逼得孫氏乖乖交出了罪犯。

後來，王修又出任功曹。針對膠東人公沙盧憑藉宗族勢力強大而自建營壘，不接受官府徵調的行為，王修僅帶著幾名騎兵就衝入了公沙盧家中，公沙氏族人眼睜睜看著王修斬殺了公沙盧兄弟，竟沒有一個人敢還擊。

疾惡如仇的同時，王修還有一副古道熱腸。每當聽說孔融有難時，王修總是星夜前往救援。有一次，郡中有人發動叛亂，面對蜂起的叛賊，孔融對左右說：「**能冒難來，唯王修耳！**」結果，這句話剛說完，王修就趕到了。其實王修不僅對孔融有俠肝，對新上司袁譚也有義膽。在袁譚與袁尚的爭鬥中，袁譚曾經被袁尚打得很慘，結果幸虧王修帶著官吏和民眾及時趕到，袁譚才躲過了覆滅的命運。事後，袁譚高興地說：「**成吾軍者，王別駕也。**」

不過，對王修最具挑戰性的考驗還是在袁譚死後。當時，正承擔運糧任務的王修聽說袁譚在南皮被曹軍圍攻的消息後，帶著手下人馬就踏上了救援之路。結果，王修還沒趕到，袁譚已經被斬殺了，聽到這一消息，王修大哭：「**無君焉歸？**」沒有了主子，我又該何去何從呢？

雖然嘴上說自己不知道該去哪裡，但王修還是跑到了曹操那裡。不過，王修想做的不是投入曹操麾下，而是要為袁譚收屍。面對王修的請求，曹操始終「**默然不應**」，看不出半點要應允的跡象。

這下王修有些著急了，一句狠話脫口而出：「**受袁氏厚恩，若得收斂譚屍，然後就戮，無所恨。**」聽說過以命抵命的，還沒聽說過以命抵屍的，看來王修的確是一個重情重義的人。

其實，曹操之所以不表態，就是想觀察一下王修的誠意，經過這麼一番考驗，曹操算是把王修記在心上了。

接下來，曹操不僅讓王修為袁譚收屍送葬，而且還讓他繼續負責督運軍糧。進入南皮後，曹操派人檢查王修家中的財物。結果，除了不到十斛穀物和幾百卷書籍，王修家中別無長物。

為此，曹操不由得感歎：「**士不妄有名。**」看來，王修的名聲還真不是隨便來的。

於是，曹操先是征辟王修成為自己的司空掾，同時代理司金中郎將，協助自己管理財稅，後來又升遷他為魏郡太守。

要知道，魏郡可是鄴城的所在地，是曹操統治的腹心地帶，把這樣一個重地交給一個晚近才投靠過來的幕僚，這不是一般的放心程度啊。同時，讓這樣一位道德標杆執掌魏郡，對穩固曹操在冀州乃至整個原袁氏控制區域的統治，都將產生無法估量的促進作用。

實際上，王修到任後，「**抑強扶弱，明賞罰，百姓稱之**」，也的確沒有辜負曹操的信任。

如果說，曹操任用崔琰、王修看重的是他們的「德」的話，那曹操接納陳琳看重的則是他的「才」。

建安四年（西元一九九年）秋，袁紹以一篇氣勢如虹的檄文向曹操正式宣戰。

這份後世名為《為袁紹檄豫州文》的檄文，從「**明主圖危以制變，忠臣慮難以立權**」講起，一開始就以忠臣的姿態把當時定位成一個非常的時代，而袁紹自己則是這個非常時代的非常之人，「**是以有非常之人，然後有非常之事；有非常之事，然後立非常之功。夫非常者，固非常人所擬也**」。隨後，檄文列舉秦末趙高亂政、漢初呂后專權的歷史教訓來影射曹操，以漢初周勃、劉章剷除呂氏的歷史功業來為自己張目。

有了這段精彩的開頭，檄文隨即直奔主題——揭批曹操。首先，揭老底。先把曹操的祖父曹騰作為宦官的劣跡拎出來晾晾，再把曹操父親曹嵩委身宦官、買官上位的醜事拿出來曬曬，進而把曹操定位為「**贅閹遺醜**」，本性就是個「**好亂樂禍**」之徒。

其次，批人品。檄文揭批曹操之餘，大談袁紹對曹操的一系列恩義與庇護。討伐董卓時，袁紹「**與操參諮策略，授以裨帥，謂其鷹犬之才，爪牙可任**」，完全把曹操看成自己的參謀和助手；曹操西征受挫時，袁紹「**復分兵命銳，修完補輯，表行東郡太守、兗州刺史**」，真心把曹操當作自己的盟友和幫手；曹操為呂布所迫時，袁紹「**援旌擐甲，席捲起征，金鼓響震，布眾破沮**」，全力對曹操伸出自己的熱心援手。一句話：袁紹大仁大義，一直把曹操當兄弟看；曹操忘恩負義，從沒把袁紹當大哥對待。

最後，批惡行。檄文把曹操的一大堆罪惡行徑公之於眾，包括在兗州時誅殺邊讓，執政後排擠楊彪、趙彥，征戰中親自盜掘梁孝王墓，進而得出結論：「**曆觀古今書籍所載，貪殘虐烈，無道之臣，於操為甚！**」

揭批完曹操的「**豺狼野心，潛包禍謀**」，檄文又極力渲染袁紹的豐功偉績和強大軍力，消滅曹操就像火燒飛蛾、海水滅火般輕而易舉。

隨後，檄文更以「**此乃忠臣肝腦塗地之秋，烈士立功之會**」，號召天下人共討曹賊。當然，檄文最後還不忘挖曹操的牆腳，宣布能夠摘下曹操頭顱的封五千戶侯，賞錢五千萬，對於投誠者則既往不咎。

一篇旁徵博引、咄咄逼人的檄文，終於讓袁紹出了心中的一口惡氣，卻沒有氣到曹操。

相反，酷愛文辭的曹操反而用欣賞的眼光琢磨起其中的文句來。以漢武帝求賢詔中的「非常之人」、「非常之事」、「非常之功」起始，令檄文氣勢如虹；從揭老底開始，讓自己在世人面前無地自容；而揭批自己的同時不忘處處抬高袁紹，確是一種鮮明對比，著實令人印象深刻。

如此好文，出自誰人之手？如此奇人，何時能為我所用？

一番瞭解之後，曹操終於挖出了這篇檄文背後的作者，此人不是別人，正是才華橫溢的陳琳。

早在天下大亂之前，陳琳就是大將軍何進身邊的主簿，當何進在袁紹的勸說下，準備召集董卓等四方猛將，來京城誅殺宦官的時候，陳琳就曾經勸諫何進：現在「**龍驤虎步**」的您，如「**掩目捕雀**」一般，看不到自己手中巨大的權力，卻「**授人以柄**」地要去借助外力，這樣只能引來禍患。

後來真如陳琳所料，宦官殺死了何進，袁紹誅殺了宦官，董卓趕走了袁紹，而陳琳則跟著袁紹來到了冀州，成了袁紹身邊的一名寫手。

天下亂掉了、不成了，但陳琳當初的那些說辭卻變成了一堆成語。那時，曹操還是京城中的典軍校尉，想必也與陳琳相熟，至少知道彼此。

攻陷鄴城後，曹操俘獲了那個讓他愛恨交加的陳琳。想起那篇檄文，曹操新仇舊恨湧上心頭：「**汝前為本初作檄，但罪狀孤可也；何乃辱及祖耶？**」是呀，罵人也要有底線，罵罵當事人也就罷了，為什麼還要罵人家祖宗八代？

此時此刻，無法狡辯的陳琳只說了一句話：

「**箭在弦上，不得不發耳。**」

然而，就是這一句話救了他。

陳琳的這句話大概有兩層意思，其一：情形所迫，在袁紹手下，不賣力不行；其二：情感所至，行文到此，手就停不住了。是呀，當時的形勢的確是一觸即發，不得不罵。作為局中人，此中情形，曹操深有同感；同為捉刀高手（實際上，「捉刀」一詞就源於曹操），此間情感，曹操感同身受。短短的一句話讓曹操也動了情。

為此，曹操不僅赦免了陳琳，還把他留在了身邊，專門為自己草擬軍國書檄，有時曹操竟不能為之增減一字。

據載，曹操後來還從陳琳身上開發出了一個意想不到的價值。每當曹操偏頭痛的老毛病又發作，一看到陳琳呈上的新作，便會立刻躍床而起，精神煥發，史稱「檄愈頭風」。看來，能治病的不只是良藥，還有美文。

如果說崔琰、王修、陳琳三人是曹操從袁紹那裡接收下來的資產的話，那田豫、劉放和牽招三個人則是自覺、主動地投奔到曹操身邊來的。

漁陽人田豫原本是幽州諸侯公孫瓚（音同讚）的手下，與劉備也交情頗深。在公孫瓚去世後，田豫成了漁陽太守鮮于輔身邊的長史。看到曹操即將統一北方的大趨勢後，田豫不失時機地對鮮于輔說：「**終能定天下者，必曹氏也。宜速歸命，無後禍期。**」於是，在田豫的勸說下，鮮于輔舉郡歸附曹操。為此，曹操不僅厚賞了鮮于輔，而且發現了田豫這樣一個人才。後來，田豫無論從事地方治理，還是隨軍出謀劃策，都有不俗表現。

與田豫類似，涿（音同卓）郡人劉放原本是涿郡太守王松的幕僚。在得知曹操攻克冀州的消息後，劉放便勸王松向曹操「**投身委命，厚自接納**」。恰在此時，正在南皮攻打袁譚的曹操也來信招降王松，於是，王松決定順勢獻出地盤歸附曹操。

為了表示誠意，王松還專門讓劉放為自己寫了一封回信。看到那封「**其文甚麗**」的覆信，又得知劉放勸說王松歸附的事情後，曹操便留意上了劉放。不久，劉放隨王松一起去面見曹操。結果一見面，曹操就對劉放說：「後漢初年，班彪憑藉勸說竇融歸附光武帝而建立了河西之功，今天你的行為與他是多麼相似啊！」就這樣，劉放成了曹操身邊的參司空軍事。

與田豫、劉放不同，安平郡人牽招投奔曹操時並沒有帶來任何地盤。作為袁紹身邊的督軍從事，牽招在袁紹去世後又成了袁尚的人。建安九年（西元二〇四年），袁尚回救鄴城失敗而逃往幽州時，牽招正在并州的上黨郡督運軍糧。在得知袁尚失敗的消息後，無法與主公會合的牽招，便自作主張跑到了并州刺史高幹那裡，試圖說服高幹將袁尚迎接到并州，雙方聯合，見機而動。可是，高幹不僅沒有接受牽招的建議，暗地裡還準備幹掉他。走投無路之下，牽招向東投奔了曹操，成了曹操身邊的冀州從事。

儘管牽招投奔曹操時的貢獻比不上田豫和劉放，但他之後的作為卻令人側目。建安十年（西元二〇五年），正當曹操準備攻打袁譚時，卻傳來了烏桓峭王計畫出兵援助袁譚的消息。鑒於牽招在擔任袁紹的督軍從事時，曾經統領過烏桓的騎兵衝鋒隊，與烏桓頗有交集，於是曹操派牽招來到了烏桓峭王的根據地柳城。

一到柳城，牽招就發現五千烏桓騎兵正整裝待發，即將被派往袁譚那裡；更麻煩的是，此時遼東太守公孫康的使節韓忠也把單于印璽和綬帶送到了烏桓，袁譚、烏桓、遼東，三方勢力即將形成聯盟。

好在此時的峭王還在猶豫，試圖透過公開辯論的方式，論出個明暗高下的前途。辯論中，牽招雖然一直以曹操的正統和強大作為武器，但無論是峭王還是韓忠，都頗不以為然，畢竟烏桓和遼東都天高皇帝遠，感受不到曹操馬鞭的厲害，如此糾纏下去，只會對自己越來越不利。

難分難曉之中，只見牽招猛然走到了韓忠面前，抓住他的頭就往地上撞，拔出刀就要了結他。這下子，峭王害怕了，鞋也顧不得穿就來抱住牽招，懇求他放過韓忠，而在場的人，無論烏桓將領還是遼東使者，個個都驚慌失色，大氣也不敢喘一下。

眼看預期效果實現，接下來就是牽招的控場時間了。隨後，他條分縷析地為峭王陳說「**成敗之效，禍福所歸**」，說得峭王心悅誠服，立刻送走了韓忠，遣散了騎兵。

後來，牽招又被曹操任命為軍謀掾，隨軍征討烏桓。大軍到達柳城後，牽招又被任命為護烏桓校尉，成了管理烏桓人的軍事長官。

提到遠征烏桓，就不得不提到另一個為曹操做出重大貢獻的人物。

建安十一年（西元二〇六年），曹操在平定了冀、幽、青、并四州之後，將進攻目標指向了塞外的烏桓。經過一系列準備，大軍推進到了山海交接的無終縣（行政中心即今河北玉田縣）。再往前，有兩個方向：一個是向東，沿海岸線前進。但當時正值雨季，道路低窪泥濘，加之烏桓重兵把守，走這條路，「兵貴神速」、「掩其不意」的戰術效果都無法實現。另一個是向北，翻山越嶺前進。但事實上向北只有山，沒有路，別說可以供大軍通行的道路，就是羊腸小徑也看不見一條。就算部隊逢山開路、披荊斬棘，也將同樣失去「兵貴神速」、「掩其不意」的效果。一時之間，曹操陷入困頓，軍心浮動。

進退維谷之時，曹操尋訪到了一位義士兼隱士：田疇。作為無終人的田疇，原本是幽州牧劉虞的心腹幕僚，劉虞被害後，他拒絕投靠公孫瓚，率領宗族及追隨者數百人進入無終山中開山辟地、躬耕避世，數年間聚集了五千多戶人口，在亂世中創造了一個「世外桃源」。

有時候，之所以沒有路，是因為沒有找對人。找對了人，也就找到了路。生於無終縣，隱於無終山，田疇對無終瞭若指掌。這時，田疇不僅告訴曹操群山之中有一條二百多年前留下的小路，而且還獻出了「**道出盧龍**」之計。

盧龍塞是燕山山脈東段的隘口，漢朝擊潰匈奴後，此處成為漢族防禦少數民族的重要邊塞，也是漢匈雙方的必爭之地。

田疇的計策是來一場橫穿燕山山脈的冒險之旅。具體路線就是：從現在北京東面的天津薊州區，向北五百餘里到達河北遷安喜峰口，從喜峰口向東北五百餘里穿過承德一帶的群山抵達現在的遼寧省朝陽市，也就是當時的烏桓老巢柳城。在筆者看來，這個直線距離超過一千里的奇襲計畫，從地理難度上來看，可以與魏延穿子午谷奇襲長安、鄧艾偷渡陰平奇襲成都一起，並稱後漢三國時期的三大奇襲計畫。

雖然冒險，但這正合曹操的胃口。不僅如此，曹操在此基礎上還有了發揮，加上了一條「**明修棧道，暗度陳倉**」之計。他不僅大張旗鼓地撤退，還讓人在大小路旁都立上木樁，寫上「**方今暑夏，道路不通，且俟秋冬，乃復進軍**」，明確告訴烏桓，我先走了，秋冬再來，後會有期。

當秋天到來時，曹操真的來了，不過不是在海邊，而是在山邊。八月，曹操越過層巒疊嶂的燕山山脈，一直殺到了烏桓的老巢柳城。站在白狼山上，曹操俯視著這片大漢王朝之前未曾征服的土地，以及這片土地上軍容不整的烏桓兵將，雖然勞師襲遠、人困馬乏，雖然人數甚少、輜重未到，曹操依然自信地發起了攻擊。

結果，一如預期，曹軍大破烏桓。

說完田疇，就不得不提一個叫邢（音同形）顒（音同庸，二聲）的人。實際上，田疇之所以能夠接受曹操的徵召，離不開好友邢顒的啟發。

看到曹操業已平定了冀州，北方形勢由此發生了重大變化，邢顒對田疇說：「**黃巾起來二十餘年，海內鼎沸，百姓流離。今聞曹公法令嚴。民厭亂矣，亂極則平。請以身先。**」如今天下已經亂得差不多了，該迎來平定安穩的時候了，讓我替您先去看看形勢吧。

於是，邢顒就回到了鄉里；再於是，田疇也脫離了與世無爭的隱居生活。有鑒於邢顒的審時度勢，曹操任命他為冀州從事。

實際上，曹操不僅善於吸納人才，還十分注重發掘人才。崔琰有個堂弟叫崔林，曹操平定冀州後，任命崔林為鄔（音同烏）縣縣長。結果崔林因為沒有車馬，竟然徒步去上任，一時之間被傳為佳話。後來，曹操向并州刺史張陟（音同志）詢問并州縣級長官中，誰的品德和政績最好，張陟毫不猶豫地報出了崔林的名字。於是，崔林被提拔為冀州主簿，後來又改任別駕。

如此，問題就來了：曹操為什麼對冀幽之地的人才如此重視？

正如荀彧在官渡之戰前所總結的，袁紹的陣營中，田豐「**剛而犯上**」，審配「**忠烈慷慨，有不可之節**」，崔琰「**少樸訥**」。總之，都是剛性子、直腸子。曾經這些人讓曹操很煩惱。一則這些人給袁紹提的建議都很有殺傷力，一旦被採納，後果不堪設想；二則這幫人並不認什麼天子和強權，只認對自己有情有義的那位主公，即使主公敗了甚至亡了，他們依舊忠心耿耿，曹操「**奉天子以令不臣**」的政治大旗在這些人那裡似乎失去了效力。

不過，一旦曹操把冀州作為自己的大本營來經營，這些燕趙俠士們就讓曹操愛不釋手了。

撇開愛提意見這條不說——因為曹操本就喜歡別人提意見，為了讓大家多提意見，他甚至還專門頒布了《求言令》，單看忠心耿耿這一條，就足以讓曹操欣喜不已了。

前面說過了王修對袁譚的忠心，下面再來看看田疇的義舉。

初平四年（西元一九三年），公孫瓚攻殺了幽州牧劉虞。當時，田疇剛剛從朝廷返回幽州，聽說劉虞被害的消息後，他並沒有把朝廷的文書交給公孫瓚，而是來到了劉虞的墳前。

田疇的這一個做法，一下子激怒了公孫瓚，他很快就被公孫瓚抓了起來。面對公孫瓚的威逼利誘，田疇大義凜然地說：「**燕趙之士將皆蹈東海而死耳，豈忍有從將軍者乎！**」

這一句，硬是把公孫瓚給鎮住了，不僅認為他的對答夠有骨氣（**壯其對**），而且親自為他鬆綁並予以釋放。

沒錯，這些人是有點迂腐和剛烈，但曹操要的就是這份愚忠和耿直。曹操為什麼要把鄴城定為大本營？不就是想跳脫許都固有的藩籬，營造一片新天地嗎？如今收了這幫不跟天子走、只念恩主情的燕趙之士，還愁大業不成嗎？

南轅北轍

「南轅北轍」這個成語出現在《戰國策》中，講的是一個人心裡想著往南走，而車子卻向北行。在戰國，它只是一個寓言故事；但在三國，它卻是一個真實行為。

在官渡之戰後的七年時間裡，曹操心裡惦記的始終是南方的劉表和他治理下的荊州，以及他屋簷下的劉備。然而，曹軍的車馬兵鋒指向的，卻始終是北方。

建安六年（西元二〇一年）春，也就是曹操在官渡打敗袁紹的下一年，考慮到自身在軍事實力和糧食供應方面，還遠不足以掃除坐擁冀、幽、青、并四州的袁紹，加之袁紹剛剛遭受重大挫敗，也不太可能構成新的重大威脅，因此，曹操打算先去進攻南方的劉表。俗話說，瘦死的駱駝比馬大，解決袁紹並不容易。

可是，一聽主公這別開生面的想法，荀彧就進行了阻攔：「現在袁紹剛剛吃了一場敗仗，軍心渙散，士氣低落，我們應該趁他尚未擺脫困境之際，一鼓作氣，一掃而平！如今如果離開兗州、豫州，遠征長江和漢水，萬一袁紹收拾殘部趁虛從背後突襲，那您的基業就將付諸流水了。」

曹操一聽心想，沒錯，袁紹捲土重來的可能性是不大，但那是因為我們大軍壓境，可是一旦我們奔往南方，那就不是可能不可能的問題了。

聽了荀彧這番話，曹操旋即打消了南下的念頭。四月初夏，曹操率軍沿黃河行進，主動進攻袁紹駐紮在倉亭的軍隊，再次摧折了袁軍的士氣。第二年夏天，在羞愧和憤恨中，袁紹發病嘔血而死。

曹操第二次打算南下是在建安八年（西元二〇三年）。這一年八月，原本齊心協力的袁譚、袁尚兩兄弟陷入了激烈的內鬥，處於劣勢中的袁譚派手下辛毗（音同皮）向曹操求援。

當時，曹操的大軍駐紮在豫州南部的西平，正在積極為討伐劉表做著準備，既然南征箭在弦上，因此將領們大多認為倒不如一方面放心大膽地去進攻劉表，一方面坐收二袁相爭的漁翁之利，沒有必要掉頭再去北征。

然而，謀士荀攸此時卻提出了不同的意見。

首先，荀攸排除了劉表背後襲擊的可能：「天下正值多事之秋，而劉表卻坐收江漢之間，毫無對外軍事行動，由此可見，他根本沒有吞併四方的志向。」

隨後，荀攸強調了袁譚、袁尚的長期威脅：「現在袁氏兄弟占據四個州的地盤，統率兵馬數十萬，袁紹向來以施政寬厚而得民心，假如他的兩個兒子能夠和睦相處，共同守護已成就的基業，那麼天下的禍難恐怕一時半會還很難平息。」

緊接著，荀攸指出了一舉消滅袁氏的機遇所在：「可是如今他們兄弟卻彼此憎惡，到了水火不容、勢不兩立的地步，一旦一個人吞併了另一個人，那麼力量就會集中起來，那時我們就不好辦了。」

最後，荀攸提出了建議：「這樣看來，不如趁他們窩裡鬥的機會，動手去解決他們，如此天下就平定了。機不可失，時不再來，我們一定要把這個機會抓在手裡！」

對於荀攸的這番分析，曹操只有一個字：「**善！**」

「善」是秦漢時期的一個口頭語和常用詞彙，變成現在語言就是「太對了！」、「好極了！」。雖說「善」在史書上很常見，但具體到曹操個人身上，他卻不會常常掛在嘴上，翻遍史書，能讓曹操說出這個字的事情總共不過十來件。

照理說，有了曹操這個「善」字，曹軍的行動方向就應該確定無疑了。但沒過幾天，曹操卻改變了主意，準備重新把「**先平荊州**」作為優先選項，準備等袁譚、袁尚自相殘殺、兩敗俱傷後，再出手解決冀州和青州問題。鑒於事情關係重大，曹操並未將自己的決定告訴從青州大老遠跑來搬救兵的辛毗。

然而，在隨後的一次酒宴上，細心的辛毗卻從曹操微妙的表情中，讀出了曹操的心思。於是，辛毗立即找到了曹操的心腹謀士郭嘉，請他勸說曹操。

面對辛毗的請托，郭嘉並未直接勸諫主公，而是創造了一個辛毗與曹操當面交流的機會。於是，辛、曹二人有了如下一段聊天。

首先是曹操發問：「袁譚的求援是可以相信的嗎？袁尚一定能被攻克嗎？」很顯然，曹操既不敢高估袁譚的誠信，也不敢低估袁尚的實力，這兩點中的任意一點都足以打消他北上的念頭。

「明公您不必問袁譚是可信還是有詐，只應看當前整個形勢的發展變化。」辛毗一句話，把曹操的視野從具體的戰術判斷拉高到了戰略決策的層面。

隨後，辛毗對戰略形勢的變化進行了系統闡述。

首先，看袁譚、袁尚兄弟的動機和處境：「二袁本是親兄弟卻互相攻伐，並不覺得別人能夠利用他們之間的隔膜，而是認為憑自己的力量足以平定天下。如今袁譚轉而向明公求救，他的處境和可信程度可想而知。換個角度看，袁尚看到袁譚處境困難卻又不能消滅他，這說明袁尚也已經智窮力竭了。」一旦從大處著眼，所謂的「可信」與「可克」的問題立刻就可以做出判斷了。

當然，僅僅解決曹操的疑問恐怕還不夠，關鍵還是要讓曹操徹底看透變化了的河北形勢：「現在袁氏對外作戰失敗，對內誅殺謀臣，加之兄弟惡鬥，政權實際上已經一分為二；連年征戰搞得將士的甲冑都生了蝨子，再加上旱災蝗災，如今到處都是饑荒；災荒從天而降，地上人禍不斷，老百姓就算再笨也知道袁氏的統治就要土崩瓦解了。」一句話表達出，如今的河北早已不是袁紹時的河北了，已經到了瓜熟蒂落收果子的時候了。

分析完總體形勢，還要根據具體問題提出具體分析，為此有必要把袁尚再拿出來解剖一番：「兵法上講，就算有堅石砌成的城牆、沸水形成的護城河以及百萬雄兵組成的軍隊，只要沒有糧食，一切都是白費。如果您現在去進攻鄴城，袁尚不回兵救援就守不住老巢，而一旦回兵救援就會引來袁譚的追擊。以明公您的威勢，對付這樣一個困窮之敵、疲敝之寇，就如同疾風掃落葉那樣容易。」

講到這裡，就該用比較法來做說服的工作了：「如今上天把袁尚這個大蘋果交給了明公，但明公不僅不伸手接住，反而要到荊州摘桃子，這不是費力不討好嗎？再說了，目前荊州既富足又安定，政權內部也沒有裂痕，哪有什麼可乘之機？」以此句話說明，一定要順勢而為，千萬別沒事找事。

作完對比，辛毗又把話題拉回到河北：「當初，商朝攻滅夏朝的重要功臣仲虺（音同毀）曾經說過，敵人有內亂就攻取它，敵人有衰亡就侵侮它。現在二袁不圖遠略而圖內鬥，可以算得上『亂』，現在他們居無儲備，行無乾糧，可以算得上『亡』。看到河北百姓這種朝不慮夕、性命堪憂的狀況，您怎能不立即去安撫，反而要等到以後呢？」

單聽上面最後一句話，似乎辛毗關心的是百姓民生，可是話鋒一轉，他又回到了曹操的立場上：「您總想等以後，可是如果以後趕上好年景，袁氏兄弟又醒悟到自己危亡的處境，一旦他們痛改前非，施行德政，恐怕您就失去用兵的機會了。」言下之意，不變的是荊州劉表，變化的是河北氣象和二袁氣度，不變的不管什麼時候解決都行，會變化的一定要把握機會採取行動。

條分縷析地講完上面這些，辛毗從利害的角度進行了總結：「如今，利用袁譚求救的機會順理成章地前去安撫那裡的百姓，絕對可以獲取最大的利益。況且，環顧您四周的敵人，沒有比占據河北的袁氏更強大的了；河北平定了，明公的軍力就會更加強盛，進而足以震懾天下。」

「**四方之寇，莫大於河北**」，說的不正是自己一直擔心的嗎？所謂的「可信」與「可克」這兩個心中的「扣」，要解決的不就是袁氏這個大「寇」嗎？

「**河北平，則六軍盛而天下震**」，說的不正是自己一直所希望的嗎？取得河北意味著將河南、河北連成了一片，意味著整個中原地帶都進了自己的口袋，剩下那些邊邊角角還是問題嗎？

聽到此處，曹操真的要重新掂量一下南北的輕重緩急了；想到這裡，曹操也真要重新審視一下眼前這位辛毗的才識立場了。辛毗是袁譚派來的不假，辛毗要完成搬救兵的任務也沒錯，但辛毗建議把袁尚、袁譚放在一起，讓自己一鍋全端的條分縷析卻著實出乎意料，有了這樣一個熟悉袁氏情況的人為自己出謀劃策，還有什麼需要擔憂的呢？

於是，曹操鄭重地再次吐出了那個字：「善！」

隨之，曹操大軍迅速北上，不僅打敗了袁尚，占領了鄴城，而且攻陷了南皮，斬殺了袁譚。

曹操第三次有心解決荊州問題是在建安十二年（西元二〇七年）。這一年，曹操已然全數解決了冀州的袁尚、青州的袁譚、幽州的袁熙、并州的高幹，僥倖保住性命的袁尚、袁熙兄弟倉皇逃到了燕山以北的烏桓，北方似乎已經不存在什麼威脅了。此時，部下們都認為應該及時轉換跑道，將軍事重心適時南移，大家說：「如今袁尚只不過是一個逃亡的罪犯，烏桓人也貪得無厭不念舊情，怎麼會心甘情願地為袁尚所用？現在如果大軍深入塞外，劉備必定會說服劉表去襲擊許都，萬一發生變化，大事就後悔莫及了。」

應該說，將領們的擔心並非空穴來風。早在建安七年（西元二〇二年），劉備就趁曹操第一次北征之機，進軍到葉縣，並且在那裡的博望坡打了曹軍的一個埋伏。而為了有效禦敵，曹操專門安排夏侯惇（音同敦）、于禁、李典等得力幹將盯防荊州。

實際上，南征此時已經進了曹操的議程。據載，在第二次北征取得決定性勝利之後，曹操就安排張遼「復別擊荊州」，取得了「定江夏諸縣」的戰果。並且，「別擊」之後，曹操並沒有讓張遼回到許都或者鄴城，而是「還屯臨潁」，在荊州邊上駐紮了下來。從這一軍事部署來看，曹操很可能是準備進一步發動對荊州更大規模的進攻，而在勸說曹操不要北征的將領中，張遼也是其中之一。

既然將領們說的不無道理，並且曹操也露出了南下的苗頭，如此看來，這次的車轍是真正要指向南方了。

然而，在郭嘉一番話之後，一切又發生了變化。

郭嘉一上來，就把一蹴而就、一勞永逸的巨大收益擺在了曹操面前：「曹公您雖然威震天下，但烏桓人倚仗天高地遠，並不感到忌憚，也一定不會預先防備。如果我們乘其不備，突然發起攻擊，必然能一戰將其擊垮。」

緊接著，郭嘉又詳細分析了大軍南征後可能引發的連鎖反應：「況且，袁紹素來注意施恩於這一地區的百姓和蠻夷，而袁尚、袁熙兄弟目前還活在這個世上。現在冀、幽、青、并四州的百姓只是因為畏懼我們的威勢而依附我們，我們的恩德他們還沒有感受到。如果我們離開這裡而進行南征，袁尚很可能會藉機利用烏桓的力量，招募一批死黨，那時烏桓人一出兵，四州的老百姓和蠻夷人一旦起而回應，烏桓單于蹋頓就會蠢蠢欲動，生出更多非分的打算，這種情況下，青州、冀州恐怕就不在您的控制之下了。」一句話，無論主要敵人還是次要對手，無論內部社情民意還是外部軍事威脅，危機依然存在，風險並未降低，袁氏、烏桓、匈奴、民眾，四股力量一旦擰成一股繩，足以絞殺曹操千辛萬苦取得的成果。

說完北方的收益和風險，郭嘉又把目光轉向了南方：「劉表只不過是一個坐談客罷了，他自己也知道自己的才幹不能夠駕馭劉備。重用劉備害怕自己控制不住，輕用劉備又害怕其不能為己所用，估計他只能這樣時輕時重、既輕又重地等待觀望。因此，就算我們傾巢而出，您也不用因劉表而擔憂。」

沒錯，歷次作戰的經驗告訴曹操，無論外部環境如何變化，劉表始終如縮頭烏龜般待在自己的荊州，從不敢越雷池半步。於是，張遼和他的部隊又被召到了北方。

八月，曹操帶領先鋒部隊來到了距離烏桓老巢不遠的白狼山，這時竟然遭遇到了大量敵軍。當時，曹軍的人馬輜重都在後面，前方身著鎧甲者很少，一時間「**左右皆懼**」。

按理說，此時應該避敵鋒芒，等大軍到來再戰。然而，張遼卻「**氣甚奮**」，極力勸說曹操趁著敵人陣形不整之際立刻發動進攻。

在張遼的鼓舞下，曹操親手把自己的大旗授給了他。隨之，張遼率軍出擊，「**大破之**」。

這一仗，曹軍不僅斬殺了烏桓單于蹋頓，俘獲了降者二十餘萬，逼得袁尚、袁熙以及烏桓單于蘇僕延等人帶領數千輕騎逃往遼東，而且使得遼東的公孫康主動獻上了袁尚、袁熙的人頭。至此，來自袁氏的威脅完全消除，北方地區基本實現統一。

詩和遠方

完成對烏桓的征伐和對遼東的威懾之後，剩下的就是班師回鄴城了。鑒於北上時翻山越嶺的艱辛，此次南下返程曹操選擇了沿海而行。

一路上，曹操不僅登臨了秦始皇和漢武帝都曾到過的碣（音同節）石山，賦予這段平常的歸途以不平常的政治意義，而且他還透過一組樂府詩，在文學史上留下了比北征烏桓在軍事史上更為輝煌的成就。

長期以來，曹操基本處於兩種狀態：不是在馬背上廝殺，就是在趕去廝殺的路上。對於愛好吟詩作賦的曹操來說，在馬背上廝殺時必須全神貫注，在騎馬趕去廝殺時卻是難得的好時光。

於是，許多流傳後世的名篇就在馬背上誕生：討伐董卓時，曹操留下了「**白骨露於野，千里無雞鳴**」的《蒿裡行》；征討高幹時，曹操留下了「**北上太行山，艱哉何巍巍**」的《苦寒行》。可以說，曹操是一個典型的馬背詩人。

這一次，在古道、西風、瘦馬之中，曹操怎能不一展豪情，放聲吟唱？於是，一組史詩般的《步出夏門行》磅礴而出。

組詩的起首是一段被稱作「豔」的引子。

雲行雨步，超越九江之皋。

臨觀異同，心意懷猶豫，不知當復何從？

經過至我碣石，心惆悵我東海。

「豔」中，曹操回顧了自己從南征轉向北伐的心路歷程。首先，曹操化用《易・乾》中的「**雲行雨施，天下平也**」一句，提到自己一度動過首先征伐荊州（超越九江之皋），將恩澤惠及荊州民眾（雲行雨步）的念頭。可是，等到真正決策的時候（臨觀異同），曹操又猶豫起來（心意懷猶豫），不知道該聽從何種意見了（不知當復何從）。直到經過渤海之濱的碣石山（經過至我碣石），曹操的心情依然是惆悵的（心惆悵我東海）。看來，曹操是一個心裡想什麼就說什麼的爽快人，對自己心中的悵惘毫不掩飾。

當然，毫不掩飾的最大原因是因為無須掩飾。如今，胡虜已摧，關山無阻，還有什麼讓人悵惘的事情嗎？恐怕只有心中的詩和有待征服的遠方了。

興致所至，曹操登臨了海邊的碣石山。站在這座秦皇漢武都曾專程登臨並刻石記功的仙山之上，眺望煙波浩渺的大海和聳立其中的山島，細瞧島上蒼翠叢生的樹木和繁盛豐茂的百草，感受著蕭瑟的秋風和洶湧的波濤，不禁令他心潮澎湃。

當眼中之景和胸中之情交融在一起，一種奇異的感覺油然浮現：水天相接處，日月彷彿在海中運行，銀河也彷彿從中升起。於是，一首被後世稱為《觀滄海》的名篇誕生了：

東臨碣石，以觀滄海。
水何澹澹，山島竦峙。
樹木叢生，百草豐茂。
秋風蕭瑟，洪波湧起。
日月之行，若出其中；
星漢燦爛，若出其裡。
幸甚至哉，歌以詠志。

這首詩表面上是寫景，實際上是抒情；看起來是寫滄海，實際上是寫自己。換句話說，滄海就是曹操，曹操就是滄海。滄海有吞吐日月、包容星漢的胸懷，而蒼茫大地又誰主沉浮？曹操的這種氣魄可謂縱貫千年。

觀滄海後，大軍繼續前行。

伴隨曹軍南下的腳步，天時物候也邁入了初冬。隨著天氣轉涼，曹操起伏的心潮也漸趨平靜，徘徊的北風、肅殺的天氣、厚密的寒霜、晨鳴的鵾鳥、南飛的鴻雁、隱匿的猛禽、冬眠的熊羆，這些都成了曹操眼中的新景觀；閒置的農具、收穫的莊稼、整潔的旅店，這些都成了曹操心中新的關切。

飛禽走獸、農人商賈，一切都如此祥和安寧、各得其所，這難道不是為政者的理想圖景嗎？於是，一首《冬十月》揮筆而就：

孟冬十月，北風徘徊，
天氣肅清，繁霜霏霏。
鵾雞晨鳴，鴻雁南飛，
鷙鳥潛藏，熊羆窟棲。
錢鎛停置，農收積場。
逆旅整設，以通賈商。
幸甚至哉！歌以詠志。

隨著天氣進入隆冬，大軍也進入了冀州境內。此時，久居河南的曹操才真正意識到黃河南北在氣候上的顯著差異：冰封的河流、難行的船隻、僵硬的土地、枯密的蔓草，冀州大地一片凋敝淒涼的景象。除此之外，還有在袁氏統治下窮困潦倒的有識之士和隨意犯法的勇俠之人，這難免讓人歎息怨恨、悲傷憂愁。於是，一首《土不同》即景而作：

鄉土不同，河朔隆冬。
流澌浮漂，舟船行難。
錐不入地，蘴藾深奥。
水竭不流，冰堅可蹈。
士隱者貧，勇俠輕非。
心常歎怨，戚戚多悲。
幸甚至哉！歌以詠志。

一路走來，曹操在秋風送爽中看到了滄海的遼闊與博大，在北風徘徊中看到了萬物的寧靜與恬淡，在水竭不流中看到了冀州的衰敗與蕭條……時光流轉之中，移步換景之間，曹操對人生有了更為深入的思考。隨之，一首《龜雖壽》應運而生：

神龜雖壽，猶有竟時。
騰蛇乘霧，終為土灰。
老驥伏櫪，志在千里；
烈士暮年，壯心不已。
盈縮之期，不但在天；

養怡之福，可得永年。

幸甚至哉！歌以詠志。

《莊子．秋水篇》說：「**吾聞楚有神龜，死已三千歲矣。**」《韓非子．難勢篇》說：「**飛龍乘雲，騰蛇遊霧，雲罷霧霽，而龍蛇與同矣！**」神龜雖然很長壽，但也有死亡的時候；騰蛇雖然能高飛，但終究也會歸於塵土。人生難道不也是如此嗎？

從建安五年（西元二〇〇年）到建安十二年（西元二〇七年），曹操用七年時間實現了千里蹈敵、北方一統的煌煌功業，無論是名重天下的老袁，還是如狼似虎的小袁，要麼灰飛煙滅，要麼身首異處，只有自己笑到了最後。

然而，輝煌的背後，是歲月的流逝甚至是生命的凋謝。從壯年到暮年，曹操帶領手下將士付出了人生黃金般的歲月；從年過而立到接近不惑，郭嘉用自己的青春、智謀乃至生命，鑄就了事業的輝煌。

看著自己的「奇佐」郭嘉在返程途中病故，想想自己匆匆逝去的流金歲月，曹操心頭不免泛起一絲暮靄沉沉之感。可是，只要抬頭望向遠方遼闊的楚天，低頭想想腳下壯美的江山，還有什麼時間去消沉感傷？剩下的只能是志在千里和壯心不已了！

《龜雖壽》中，曹操的心境可以說一波三折，從「猶有竟時」的感歎，到「志在千里」的自勵，再到「可得永年」的期許。對於曹操的這種心境，百年之後的東晉權臣王敦有著經典詮釋：據說，每當酒後，重權在握的大將軍王敦都會一邊用如意敲打著唾壺，一邊吟誦曹操的那句「老驥伏櫪，志在千里；烈士暮年，壯心不已。」時間久了，壺口盡缺。

從遼東南下返程的這段時間，是曹操人生中難得的閒暇時光，這種閒暇是一段梳理總結，更是一次積蓄醞釀。

詩意之後，遠方的一場巔峰對決必將如期而至。

第二章　江夏

一直旗開得勝，又為何總難搞定？

建安十三年春，曹操還在鄴城邊的玄武池操練水軍，孫權的水軍已經在長江邊發起了對江夏的攻擊。

事前，孫權充分估計到了這場仗的艱巨性，為此，他除了委任周瑜為前部大都督，還指定偏將軍董襲、破賊都尉淩統、平北都尉呂蒙擔任前部先鋒，組成宛如「三叉戟」的進攻陣型。

此時，江夏太守黃祖也拿出了自己的看家本領。原本用來進攻的兩艘蒙衝巨艦如今橫在了長江與漢水的交匯處，並且每艘艦都被一條條粗壯的棕繩系著，這些棕繩的下面都捆著沉入江底的巨石，巨石與棕繩牢牢地把巨艦固定在江口，硬生生形成了一道水上長城。巨艦之上，上千名兵士用弓弩輪流向外射擊，一時之間箭如雨下，妥妥地把東吳水軍擋在了外面。

實際上，這已經不是孫吳第一次發起對江夏的攻擊了。就在半年以前的建安十二年（西元二〇七年），孫權還親自率軍西征黃祖。對於這次征討，史書中只有一句話：「**虜其人民而還**」，意思是孫權俘獲了江夏郡的不少老百姓，然後回到了自己的大本營吳郡。

興師動眾地發起進攻，最終卻只帶回一些勞動力，這恐怕不是孫權要實現的全部預期成果，而之所以如此草率，最大的可能是因為「**權母吳氏病篤**」。母親已經病危，總要回去見上最後一面吧。

如果說上一次進攻是因為母親病篤而回軍的話，那孫權這次發動攻擊似乎也不是一個很好的時間點。母親剛剛病故，孫吳仍處於國喪期，此時動武明顯與「**國喪不舉兵**」的古訓相悖。此外，按照老臣張昭的說法，此時「**吳下業業**」，孫吳內部要解決的矛盾困難和要防範的風險隱患也不少，顯然不適合出兵。

然而，孫權卻打破禁忌、衝破阻力，鐵了心要剷除黃祖這隻攔路虎，是什麼讓孫權如此急不可耐？又是誰讓孫權下定了如此決心？

前塵往事

除了上面提到的那兩次進攻之外，孫吳方面還發動過兩次對於江夏的攻擊。稍近的一次，是建安八年（西元二〇三年）。這一年十月，孫權親率征虜中郎將呂範、蕩寇中郎將程普、破賊校尉淩操以及別部司馬黃蓋、韓當、周泰、呂蒙等一干將領，同時督促中護軍周瑜、別部司馬徐盛，水陸並進，向黃祖發起了進攻。

此次征伐進展得相當順利，一開始就取得了「**破其舟軍**」的戰果。隨著敵方水軍的潰退，接下來便轉入了陸戰，吳軍一路向前，很快就推進到了黃祖的大本營夏口城下。不過，以上勝果的取得也並非沒有代價。進入夏口後，「**輕俠有膽氣**」的淩操，作為攻城的先頭部隊，三兩下就打敗了黃祖的前鋒。隨即淩操「**獨舟輕進**」，一個人駕著快船就往前衝。結果「**中流矢死**」。

如果說淩操的殞命算是個人意外的話，那接下來發生的卻是整個東吳的意外。就在吳軍展開攻城戰的當口，後方卻發生了「**山寇復動**」的情況，會稽、吳郡、豫章、丹陽、廬陵等多個郡縣都爆發了山越暴動，一時間形勢急轉直下。

權衡之下，孫權選擇了回軍平亂。路過豫章郡時，孫權命令呂范平定鄱（音同婆）陽縣，程普討伐樂安縣，太史慈兼任海昏縣令，韓當、周泰、呂蒙等人分別出任一些複雜棘手地方的行政長官，這樣一番忙活，直到建安十二年（西元二〇七年）才再次把攻打黃祖的行動提上日程。

說完了孫權兩次征黃祖的概況，再來聊聊孫策征黃祖的詳情。

相較於孫權建安八年和建安十二年兩次虎頭蛇尾的征伐，孫策在建安四年（西元一九九年）對黃祖的打擊要明快漂亮得多。

這一年冬天，孫策發動了對袁術舊部、廬江太守劉勳的進攻。情急之下，劉勳「**告急於劉表，求救於黃祖**」。接到求援，黃祖積極回應，迅速讓長子黃射率領五千水軍前往支援。結果，一場仗打下來，孫策的戰利品中不僅有劉勳的兩千名降卒，還有黃射留下的千餘艘戰船。

經此一役，原本尚未建立水軍的孫策，順勢組建了一隻頗具規模的水軍。同時，這次戰役也是孫策與荊州軍隊的第一次接觸，沒想到劉表、黃祖訓練了多年的軍隊竟然如此不堪一擊。興奮之餘，孫策「**遂前進夏口攻黃祖**」，一下子把戰火燒到了荊州的東大門江夏郡。

對於孫策的進攻，劉表並不敢小覷，立刻讓侄子劉虎和猛將韓晞帶著五千長矛兵來為黃祖當前鋒。結果「**策與戰，大破之**」。

與擊潰劉勳和黃射相比，這是一次更令孫策興奮的勝利。鑒於之前孫策曾經接到過朝廷下達的「**與司空曹公、衛將軍董承、益州牧劉璋等並力討袁術、劉表**」的詔令，該詔令儼然把他這個會稽太守、討逆將軍放在了與朝廷重臣、地方州牧同等重要的位置，為的就是讓他去討伐袁術和劉表。如今，攻破袁術舊部之後，自己又大破劉表部將，怎能不向朝廷報捷？於是，孫策專門向朝廷上奏了一份表章，生動詳細且不乏誇飾地記述了戰役的全過程。

首先，孫策不吝筆墨地交代了此次戰役的時間、地點和參戰人員：「**臣討黃祖，以十二月八日到祖所屯沙羨縣。劉表遣將助祖，並來趣臣。臣以十一日平旦部所領江夏太守行建威中郎將周瑜、領桂陽太守行征虜中郎將呂範、領零陵太守行蕩寇中郎將程普、行奉業校尉孫權、行先登校尉韓當、行武鋒校尉黃蓋等同時俱進。**」就時間和地點而言，孫策是十二月八日兵臨黃祖的大本營沙羨城下的，經過一番準備，於十一日天剛濛濛亮的時候發起了攻擊。就參戰人員而言，敵方人員包括黃祖及其長子黃射一干人等，還有劉表派來的劉虎和韓晞，孫策一方則包括周瑜、呂范、程普、孫權、韓當、黃蓋等骨幹將領。

有意思的是，不知什麼時候，孫策還給自己的手下們提前戴了荊州下轄郡郡守的官帽：周瑜領江夏太守，呂范領桂陽太守，程普領零陵太守，似乎荊州早就成了自己的囊中之物。當然，這些官稱能夠出現在奏章中，想必也是得到朝廷的認可了，估計是曹操當時為了鼓勵孫策「力討袁術、劉表」而開出的空頭支票。可是，孫策卻拿了雞毛當令箭，這次真要為周瑜兌現江夏太守了。

隨後，孫策在奏章中描述了自己和手下將士們的具體表現。先說自己：「身跨馬櫟陳，手擊急鼓，以齊戰勢。」一句話表示自己不僅騎著戰馬來到最前線，而且親自擂起戰鼓，督促整個戰事的進展。再說將士：「吏士奮激，踴躍百倍，心精意果，各競用命。」一句話又寫出在自己的激勵下，手下將士群情激昂，踴躍爭先，堅決果斷，奮不顧身地投入了戰鬥。

接下來，孫策濃墨重彩地描述了戰鬥的情況。先是「越渡重塹，迅疾若飛」，一上來就以如飛行一般的速度，突破了敵人的數道防線；緊接著「火放上風，兵激煙下，弓弩併發，流矢雨集，日加辰時，祖乃潰爛」，吳軍在上風的地方放起了火，之後隨著兵戈相向、煙熏火燎、箭矢如雨，清晨還沒過去，黃祖的軍隊就土崩瓦解了。

再接下來，奏章更加詳細地描述了戰役的結果。「鋒刃所截，猋火所焚，前無生寇，惟祖迸走」黃祖的人馬大多喪生於兵刃和烈火之下，只有黃祖本人僥倖奪路而逃。說完敵人的慘狀，就該說自己的碩果了：「**獲其妻息男女七人，斬虎、韓晞已下二萬餘級，其赴水溺者一萬餘口，船六千餘艘，財物山積。**」黃祖的妻兒老小共計七人成了俘虜，劉虎、韓晞及其以下的兩萬名士卒成了刀下鬼，溺水淹死的還有一萬多人，繳獲的船隻有六千多艘，獲得的財物更是堆積如山。

最後還有一段自誇的話，這裡就不引述了，大致的意思是黃祖現在已經灰頭土臉、「**掃地無餘**」了，而劉表則形單影隻、「**成鬼行屍**」了。

應該說，這場戰役的勝利對於孫吳集團來說，意義不僅重大，而且深遠。

說它重大，是因為透過這場戰役，孫吳不僅形成了完整的水軍建制，而且控制了夏口以下的長江水域，已經完全具備了抗衡荊州水軍、護衛江東安全的實力，由此，長江基本上變成了江東的「護城河」。一聞知這消息，連曹操都忍不住說了句「**猘兒難與爭鋒也**」，這條「小瘋狗」還真是難對付！

說它深遠，是因為經過這場戰役，孫吳不僅樹立了信心，鍛鍊了隊伍，而且找到了許多克敵制勝的方法。這場戰役的參戰人員並不會想到，九年之後，他們將在同一時段、同一地域，運用相同的戰術策略，取得一場影響歷史走向和天下格局的重大戰役的勝利。

國策家仇

從建安四年到建安十三年，從孫策到孫權，孫吳一共發動了四次對於江夏的攻擊，擺出了一副「**不破樓蘭終不還**」的架勢。

為什麼要如此？

因為，這其中飽含著孫家的仇與恨。

一切還要從孫策和孫權的父親孫堅說起。

在漢末群雄之中，孫堅絕對算得上是個表現亮眼的異類。與袁紹、曹操、劉虞這些或名門望族、或達官顯貴、或漢室宗親的豪族名士不同，吳郡富春人孫堅是個從基層一步步走上來的武將，打擊海賊有他、平定黃巾有他、征討涼州還有他，到了關東聯軍一起討伐董卓時，原本偏處荊州一隅的長沙太守孫堅則一路北上，殺了荊州刺史王睿、斬了南陽太守張咨（音同資），硬生生擠進了關東群雄的佇列。

僅僅忝列關東群雄還不算，孫堅還是僅有的兩個堅定的滅董派之一。當群雄都在洛陽東面一個叫酸棗的地方「**置酒高會，不圖進取**」的時候，曹操和孫堅這兩個同為三十六歲的少壯派，卻先後踏上了獨自消滅董卓的征途。結果，滎（音同形）

陽城下的一場汴水之戰，曹操不僅「**士卒死傷甚多**」，而且自己也「**為流矢所中**」，好不容易才撿回性命。反觀孫堅，情形則大為不同。雖然孫堅也一度「**大為卓軍所攻**」，狼狽得「**與數十騎潰圍而出**」，甚至被逼得讓親信部將換上自己常戴的紅頭巾來掩護自己脫身，但之後孫堅再次聚攏了部隊，一場陽人之戰不但「**大破卓軍**」，而且斬殺了董卓的驍將華雄，反逼得董卓派出李傕（音同決）、郭汜（音同四）等將領前來聯姻講和了。

面對利誘，孫堅不僅絲毫不為所動，而且痛斥董卓的倒行逆施，甚至說出了「**今不夷汝三族，縣（懸）示四海，則吾死不瞑目**」的狠話。這句話在留下成語「死不瞑目」的同時，更嚇得董卓不僅囑咐諸將見到孫堅都要多加小心，甚至燒毀了洛陽，縮入了關中，完全是一副惹不起躲得起的窩囊樣。

不過，在畏懼孫堅的同時，董卓也對孫堅的前途命運進行了預測：「**但無故從諸袁兒，終亦死耳！**」孫堅無緣由地死心塌地跟著袁紹、袁術這群人作戰，早晚得死於非命。

董卓說得沒錯，一根筋似的孫堅的確很聽袁術的調遣，初平三年（西元一九二年）四月，袁術讓孫堅去討伐荊州，結果孫堅二話不說就兵鋒南指。這次，孫堅遇到的對手是荊州刺史劉表手下的大將黃祖，按照事前的部署，黃祖在漢水以北的樊（音同凡）城和鄧縣之間迎戰孫堅，結果，孫堅不僅擊潰了黃祖，而且渡過漢水，乘勝包圍了荊州的治所襄（音同鄉）陽。

面對圍困，劉表派出城去調集援軍的依舊是黃祖。結果，剛吃敗仗的黃祖在城外又與孫堅展開了大戰，雙方勝負可想而知。走投無路之下，黃祖逃入了襄陽城南的峴（音同線）山，緊隨其後，孫堅也單槍匹馬殺入了山中。嗖……啪！林中的冷箭射來，孫堅應聲落馬，當即殞命。

孫堅的意外死亡，使孫家蒸蒸日上的事業頃刻中止，直至興平二年（西元一九五年）十二月孫堅的長子孫策揮師渡江、占據江東，孫家才再次崛起。父親三十七歲死於非命，家族三年多臥薪嚐膽，這一切的根源都在黃祖身上，不剷除這個禍患，孫家能算報仇雪恥了嗎？

不過，除了家仇，孫家矢志剿滅黃祖還有更深層次的原因。當年，孫策為了重振家業，廣泛結交名士豪強，一時間「**江、淮間人咸向之**」。這其中對孫策幫助最大的，就數廣陵名士張紘了。

早年，張紘曾遊學於京都洛陽，在太學中深入而系統地學習了《易經》、《尚書》、《禮記》、《左傳》等經典，後來張紘回到家鄉廣陵，不僅拒絕了州郡的舉薦，而且回絕了大將軍何進、太尉朱儁（音同俊）、司空荀爽等人的數次征辟，一直隱居於鄉里。聞知張紘的名聲後，孫策多次不辭辛苦地從居住地江都來到廣陵，專程向張紘諮詢請教。一來二往，彼此開始袒露心扉。

在一番「**天下擾攘**」的形勢分析和父親「**功業未遂**」的唏噓感歎之後，孫策向張紘談起了自己的小目標：「**策雖暗稚，竊有微志，欲從袁揚州求先君餘兵，就舅氏於丹楊，收合流散，東據吳會，報仇雪恥，為朝廷外藩。君以為何如？**」我孫策雖然愚鈍幼稚，但內心還是藏著點小志向的，我準備先從袁術手裡把父親留下來的人馬要回來，再去丹楊郡與舅舅吳景會合，收合舊部、招兵買馬，然後東渡長江占領吳郡和會稽，一則為父親報仇雪恥，二則成為朝廷的外藩，你覺得怎麼樣？

照理說，孫策的計畫是相當完善的，先盤活存量資源再拓展增量資源，既要為父報仇又能為君分憂，每個想法都可望可及，每個步驟都務實可行。同時，與他的父親相同，孫策在不經意的言談中也創造了一個成語：報仇雪恥。

可是，在張紘看來，孫策的目光還是短淺了些，隨後他的一番話，立刻將孫策的小目標調整成了大規劃：「**今君紹先侯之軌，有驍武之名，若投丹楊，收兵吳會，**

則荊、揚可一，仇敵可報。據長江，奮威德，誅除群穢，匡輔漢室，功業侔於桓、文，豈徒外藩而已哉？」如今你繼承先君的遺志，又有驍武的名聲，一旦去丹楊招兵買馬，要幹的事業不只是占有吳郡、會稽這樣簡單，而是要一統荊州和揚州，這樣才能算得上真正報了仇。到那時，你依託長江，奮威明德，誅奸除賊，匡扶漢室，那麼功業就可以與齊桓公、晉文公並駕齊驅，哪裡只是單純成為朝廷外藩那麼簡單？

很顯然，不管是私人恩怨還是軍事抱負，張紘都進行了升級放大。從報仇雪恥的角度看，僅僅占有吳會能算報仇嗎？直接肇事者黃祖你除掉了嗎？間接指使者劉表和袁術你滅掉了嗎？不把他們幹掉能算報仇雪恥嗎？相應地，從軍事地盤來看，只把目光盯在江東這個連半個揚州都不到的小地方也是不行的，必須拿下劉表治下的荊州和袁術治下的揚州，還必須把目標設定在占領整個長江流域上，這樣才算得上真正的成功。

有了張紘的這番指點，孫策的視野和格局立刻變得不同了，而清除盤踞在江夏的黃祖也就不僅僅是報私仇這一個簡單目的了，江夏不僅是仇家黃祖的老巢，還是荊州的東大門，要實現「荊、揚可一」的目標，必須首先除掉這隻攔路虎。為此，孫策在基本消除了來自袁術和曹操的江北威脅之後，逐步將目光移向了江西的黃祖和劉表，進而展開了對江夏的攻擊。

可以想見，假以時日，孫策徹底消滅黃祖甚至掀翻劉表，都是大概率能實現的事情。然而，建安五年（西元二〇〇年），孫策卻在一次打獵途中成了幾名刺客的「獵物」。壯志未酬的孫策，倉促之中把權力交到了弟弟孫權手中。

正如孫策臨終前所說，論「**決機於兩陳（陣）之間，與天下爭衡**」，孫權似乎遜一籌，但若論「**舉賢任能，各盡其心**」，孫權卻比他的兄長更有辦法。因此，孫權接掌江東沒幾年，就透過「**待張昭以師傅之禮，而周瑜、程普、呂範等為將率（帥），招延俊秀，聘求名士，魯肅、諸葛瑾等始為賓客**」等措施，使孫吳集團從最初「**未有君臣之固**」的鬆散狀態變成了「**人不思亂**」、「**士風勁勇**」的團結局面。

孫權招延的這群俊秀之中，在戰略上貢獻最大的要數魯肅了。

作為江北臨淮郡人，魯肅原本並沒打算投奔江東孫氏，可是他的好友周瑜卻一直鼓動他留在江東。既然動員好友魯肅留下，那就要為好友施展才華創造條件，於是，周瑜不僅在孫權面前大力舉薦魯肅，而且為魯肅安排了一次與孫權會面的機會。

一開始，孫權在一個公開場合會見了魯肅，結果「**與語甚悅之**」，簡直有種相見甚晚的感覺。於是「**眾賓罷退**」之後，孫權不僅單獨把魯肅召了回來，而且專門把二人的坐榻合到了一起，共同把酒言歡、暢聊天下。

話題首先由孫權提出：「**今漢室傾危，四方雲擾，孤承父兄餘業，思有桓文之功。君既惠顧，何以佐之？**」如今大漢朝廷岌岌可危，四面八方風雲激蕩，我繼承父親和兄長創下的基業，有心建立如齊桓公、晉文公匡扶周王室那樣的功業。承蒙您看得起我，有沒有什麼好辦法來幫助我？

一上來，孫權就把自己的事業定位為「桓文之功」，似乎是受到了張紘「功業侔於桓、文」的影響。

然而，魯肅一句話就斷了孫權成就春秋霸業的念想：「**昔高帝區區欲尊事義帝而不獲者，以項羽為害也。今之曹操，猶昔項羽，將軍何由得為桓文乎？**」當年漢高祖劉邦想尊奉義帝楚懷王，之所以沒有如願，就是因為項羽的阻撓破壞。現在的曹操就是當年的項羽，將軍您怎麼可能成為齊桓公、晉文公呢？

魯肅說得沒錯，齊桓公、晉文公成就霸業的前提是手握天子，如今天子已經落入曹操手裡，要稱霸也是曹操的事情，孫權連成就霸業的基礎條件都不具備，豈不是癡人說夢？可是，春秋霸業的夢斷了，孫權總不能再退回「為朝廷外藩」那條最初的小路上去吧，如果那樣的話，豈不等同於混吃等死、坐吃山空？

對此，孫權倒不必擔心。實際上，魯肅之所以斷了孫權的霸業夢，是因為自己已經為他築好了另一個更大的夢想：「**肅竊料之，漢室不可復興，曹操不可卒除。為將軍計，惟有鼎足江東，以觀天下之釁。**」在我私下看來，大漢朝廷是不可能再復興了，而曹操也不是一下子能除掉的。從將軍的角度考慮，只有占據江東與之抗衡，並根據天下形勢的變化相機行事，才是必由之路。

以江東抗衡朝廷，以自己對抗曹操，這是吃了熊心豹子膽嗎？要知道，江東充其量也只算半個揚州，而曹操已握有豫州、兗州、徐州、司隸州在手，將冀州、青州、幽州、并州收入囊中也是早晚的事，這豈不是螳臂當車嗎？

也許是看到了孫權臉上的驚異表情，也許看都不用看孫權的臉，魯肅便徐徐地說出了自己的理由：「**規模如此，亦自無嫌。何者？北方誠多務也。因其多務，剿除黃祖，進伐劉表，竟長江所極，據而有之，然後建號帝王以圖天下，此高帝之業也。**」做這樣的規劃，您也不必懷疑自己的力量，為什麼這樣講？因為北方要安定下來需要解決的事情太多了。而我們可以藉著北方無暇南顧的時機，先消滅黃祖，再進攻劉表，進而將整個長江流域據為己有，然後建號稱帝，進而圖謀天下，建立像漢高祖那樣的豐功偉業。

魯肅不闡釋「鼎足江東」的理由倒還好，這一闡釋更是把孫權嚇了一跳：怎麼「建號帝王」和「高帝之業」都冒出來了？不過，細細琢磨，魯肅的「帝業夢」倒也不是虛無縹緲的夢幻泡影。

北方事務繁雜的確是事實，曹操雖然在官渡之戰中取得了對袁紹的決定性勝利，但瘦死的駱駝比馬大，要想把黃河以北的冀、幽、青、并四州完全吞下去也是需要時間的；此外，占據關中的馬騰、韓遂也只是表面臣服，不解決他們，恐怕曹操也不敢放心南顧。還有，朝廷內部的權力穩固、北方經濟和人口的恢復、新占領區域的治理，凡此種種也會花去曹操不少時間和精力。利用「北方多務」這一時間來「剿除黃祖，進伐劉表，竟長江所極」，理論上是絕對可行的。

如此看來，魯肅不僅為孫權種下了一棵叫作「建號帝王」的參天大樹，同時也規劃了這棵大樹的生長路徑，而茁壯成長的第一步就是「剿除黃祖」。

聽了魯肅這番宏闊之論，孫權只是淡淡地回了一句：「**今盡力一方，冀以輔漢耳，此言非所及也。**」我現在能做的只是盡力保住這一方疆土，希望能夠輔助朝廷，您所說的並不是我能達到的。

話雖如此，但在接下來的發展中，孫權卻改變了孫策之前以爭奪江北的揚州為主、打擊江西的荊州為輔的戰略方針，除了內部清除異己、清剿山越之外，把對外用兵的重點轉到了「剿除黃祖，進伐劉表」上。於是，我們看到了建安八年、建安十二年、建安十三年的三次西征。

臨門一腳

這邊孫權把「剿除黃祖，進伐劉表」作為自己「建號帝王」的起手式，那邊的黃祖和劉表也沒閒著。

早在孫策占據江東以後，劉表就在江西設置了兩個屏障，一個是駐紮在沙羨的黃祖，用以應對來自長江下游的攻擊；另一個是駐紮在長沙東面攸縣的侄子劉磐，用以應對來自東面豫章郡的威脅。

如今，眼見孫權逐步將矛頭對準自己，劉表更是採取了一系列因應措施。為了加強防禦，劉表專門在襄陽東面增設了一個章陵郡，任命黃祖的兒子黃射為郡守，但黃射只是官階提升並未真正就職，他真正要做的是領兵駐紮在沙羨與攸縣之間，與黃祖、劉磐構築一條針對江東的完整防線。在強化防線的同時，劉表還令黃祖等人主動襲擾，以使孫權內憂外困，疲於奔命。

據《三國志．吳書．徐盛傳》記載，在徐盛以別部司馬的身分防守柴桑之時，黃射就曾率領數千人發起攻擊，當時駐守柴桑的吳軍只有二百多人，形勢岌岌可危。不過，好在徐盛既勇猛又有膽量，不僅突破頑強據守，殺傷了黃射千餘人，而且「**開門出戰**」，「**大破之**」，竟是打得黃射從此之後「**絕跡不復為寇**」。

然而防守有效並不意味著進攻有果，進攻有果也不意味著目標達成。前兩次進攻，孫權雖然都取得了勝利，但都沒有達到預期目的。建安八年那次，雖然「**破其舟軍**」，但「**惟城未克**」；建安十二年那次，更是僅僅「虜其人民而還」。兩次興師動眾的出征，別說「進伐劉表」了，就連「剿除黃祖」都差得遠。一時之間，勝利的孫吳集團陷入了彷徨和猶豫之中。

非常時刻，一個非常人物出現了。

此人名叫甘寧，他不是來自別處，恰恰來自黃祖的陣營。據說，當初在對戰中造成「獨舟輕進」的淩統「中流矢死」的，就是這個甘寧。

甘寧的到來，讓江東君臣看到了希望的曙光，他不僅得到了周瑜、呂蒙的共同推薦，而且得到了孫權的厚待，孫權對他就像對待多年的老臣一樣熱絡。

孫權對甘寧的禮遇之所以如此「加異」，很大程度上是因為他是個非同尋常的人物。

甘寧的非常，首先體現在他的舉動上。甘寧，字興霸，他原本不是荊州人，而是巴郡臨江（今重慶忠縣）人，早年的他是地方上的一名遊俠，帶著一幫輕薄少年過著打家劫舍的豪強生活。據載，甘寧很喜歡作秀，他不僅讓每名手下身佩鈴鐺，並且讓他們頭插鳥羽、披服錦繡，如此走到哪裡都有聲有色，先聲奪人，耀眼奪目。同時，甘寧日常出入也都炫赫非常——步行則車騎並列，水行則輕舟成行，停留時，常用錦繡維繫舟船，離開時，又把錦繡割斷拋棄。有了這些非常舉動，他便得了一個「錦帆賊」的綽號。

甘寧的非常，其次體現在他的性格上。別看甘寧平時總是擺出一副蠻不在乎的樣子，但實際上卻十分計較別人對自己的態度。臨江城中無論遇到什麼身分地位的人，上至郡縣官長，下至黎民百姓，只要盛情接待，他便傾心相交甚至為之赴湯蹈火；如果禮節不隆，款待不盛，他便放縱手下搶掠對方資財，故意製造麻煩，讓人不爽。時間久了，地方官吏摸清了他的脾氣秉性，敬畏之餘，也把一些盜搶事件交給他清查，這既算是一種重視，也算是一種約束。

甘寧的非常，進而體現在他的經歷上。二十多歲時，甘寧突然厭倦了那種劫掠式的浪子生活，開始發憤讀起諸子百家來。此後，為了有一番作為，他竟然率領八百壯士順江而下，一口氣投奔到了長江中游的劉表那裡。後來，甘寧發現劉表根本不是一個幹大事的人，於是便帶著人馬打算向東投奔江東孫氏，沒想到，途經夏口時，被黃祖連人帶馬給扣留收編了。留就留吧，如果能夠得到重用，或許甘寧真就為黃祖賣命了。沒想到，黃祖不僅不重用，就連甘寧拼死斷後、射殺淩操這樣的功勞也毫無表示。左思右想，甘寧還是想辦法來到了江東。

甘寧的非常，最後體現在他的價值上。甘寧生長於長江上游，在劉表和黃祖那裡又待了多年，可以說對長江中上游的人文地理、風土人情瞭若指掌，要實現魯肅所說的「剿除黃祖，進伐劉表，竟長江所極，據而有之」，此人簡直是天上掉下來的禮物。因而，對於這樣一個棄錦繡、拋舊主卻價值非常的「錦帆賊」，孫權自然重視非常，禮遇非常。

既然受到了非常禮遇，甘寧自然要發揮非常作用。不久，甘寧就向孫權提出了西征黃祖、進伐劉表的建議。

首先，甘寧概述了西征的重要性：「**今漢祚日微，曹操彌驕，終為篡盜。南荊之地，山陵形便，江川流通，誠是國之西勢也。**」可以說，曹操做大做強已經勢所必然、無法阻擋，而上游的荊州與下游的江東相互倚勢、互為唇齒，要對付曹操，就必須取得荊州這個東吳的西方屏障。

其次，甘寧講述了西征的急迫性：「**寧已觀劉表，慮既不遠。兒子又劣，非能承業傳基者也。至尊當早規之，不可後操。**」以劉表父子的眼光才智，荊州肯定不會再是老劉家的了，我們不早動手，曹操就搶先了。

再次，甘寧陳述了消滅黃祖的多方面優勢。一是黃祖老邁昏庸，錢糧匱乏，軍心不穩，「**祖今年老，昏耄已甚，財穀並乏，左右欺弄，務於貨利，侵求吏士，吏士心怨**」。二是黃祖軍備廢弛，農業荒怠，不堪一擊，「**舟船戰具，頓廢不修，怠於耕農，軍無法伍。至尊今往，其破可必**」。

最後，甘寧闡述了擊破黃祖的深遠意義，「**一破祖軍，鼓行而西，西據楚關，大勢彌廣，即可漸規巴、蜀**」。擊破黃祖只是一個光輝的起點，此後一路向西，擁有的將不僅是荊楚之地，還有巴蜀之國。

聽完甘寧的這番陳述，孫權內心「**深納之**」。但還沒等孫權表態，一旁的張昭卻站出來大唱反調：「**吳下業業，若軍果行，恐必致亂。**」當下我們家裡的事還忙不過來呢，如果大軍外出，搞不好會發生什麼意外。

張昭說得沒錯，眼下曹操的北方的確「多務」，但孫權的吳下也同樣「業業」，山越匪患此起彼伏，州郡的豪強望族也難言安穩，以自身「**安危去就為意**」的「**賓旅寄寓之士**」也不能百分百說「有君臣之固」，大軍一旦西征，勝而未果不說，後院要是真的出了意外，就得不償失了。

面對張昭唱衰西征的悲觀論調，甘寧隨即進行了有理有力的反擊：「**國家以蕭何之任付君，君居守而憂亂，奚以希慕古人乎？**」主公像劉邦委託蕭何那樣把留鎮後方的重任託付給你，就是讓你守好大後方，你現在卻擔心後方出事，你拿什麼向古人看齊？言外之意，讓張昭別以後方為藉口，因為那本就是他該負責的事！

聽到二人這番唇槍舌戰，孫權做出了最後的裁斷。只見，孫權舉起酒杯對甘寧說：「**興霸，今年行討，如此酒矣，決以付卿。**」既然你談到了後方的權責問題，那我們也來談談前線的權責，這次討伐就如同我手中的這杯酒，全交給你了！

建安十三年（西元二〇八年）春，雖然沒過國喪之期，孫權卻大舉興兵，以必勝的決心發起了對黃祖的征伐。

據載，出征前，孫權特意準備了兩個方匣子，一個準備盛黃祖的人頭，另一個準備放黃祖手下都督蘇飛的人頭。可是，就在出征前的壯行酒宴上，甘寧卻突然下跪叩頭，為蘇飛向孫權求情。史書中用「**血涕交流**」來形容當時的情形，「涕」就是「淚」，比較好理解。可是，血淚交流就需要琢磨一番了，據筆者猜測，甘寧可能是叩破了頭，血和淚交織在了一起。如此看來，甘寧是真心想救蘇飛。

甘寧之所以如此，源自蘇飛對自己的恩情。當初，甘寧委身於黃祖門下時，蘇飛曾經數次向黃祖舉薦甘寧，但即便如此，甘寧依舊沒有得到重用。看到甘寧始終鬱鬱不得志，蘇飛不僅勸他另尋出路，而且說服黃祖讓甘寧到夏口東北方向的邾（音同朱）縣（今湖北黃岡西北）做了縣長，以此為甘寧出走創造機會。於是，這才有了後來甘寧糾集部眾跨江投吳的故事。如今，蘇飛可能有難，甘寧怎能不出手相助。

看到甘寧如此仁義，孫權也不禁為之動容。不過，感動歸感動，孫權還有一點顧慮：「**今為君致之，若走去何？**」如果聽你的，放過蘇飛，他逃跑了怎麼辦？

這時，甘寧再次展現了他的大仁大義，他不僅保證蘇飛不會逃跑，甚至說出了以命相抵的話：「**若爾，寧頭當代入函。**」如果蘇飛跑了，我的頭替他裝入匣子裡！

不久，戰役打響了。正如本章開頭所說，在生死關頭，黃祖把蒙衝巨艦這些老家底都拿出來構築起了防禦工事，而孫權則不僅讓周瑜督率前軍，而且擺出了三前鋒的大殺招。事實證明，這一招果然好使，三員猛將各個爭先、各顯神通，直殺得敵人節節敗退。

只見淩統和董襲各自率領著一百名精勇組成的敢死隊，每個人穿著雙層的鎧甲，乘著戰船、迎著飛矢就衝入了兩艘蒙衝巨艦之間。在激烈的肉搏中，董襲親手砍斷了那些固定蒙衝巨艦的纜繩，頃刻間原本鎖在江口的水上長城被水流衝開了一道大口子，敵人的防線徹底垮了。

董襲斷纜有功，淩統則突進有成。只見他與幾十名壯士划著一條戰船就衝到了距離大軍幾十里的地方，不僅斬殺了敵將張碩，俘獲了其部屬和船隻，而且迅速趕回去向孫權報告戰況，接著又給整個大軍當起了引導。

淩統突進有成，呂蒙則攻堅有力。當時，黃祖命令都督陳就率領主力迎戰，擔任前鋒的呂蒙不僅親手殺死了陳就，而且乘勝攻到了黃祖鎮守的沙羨城下，嚇得黃祖棄城逃跑，結果被吳軍的一名騎士砍掉了腦袋。

大戰結束，孫權不僅論功行賞，而且一一點評。在次日舉行的慶功宴上，孫權當著眾人，舉起酒杯對董襲說：「**今日之會，斷紲之功也。**」另外一個場合，孫權評價呂蒙：「**事之克，由陳就先獲也。**」為此，呂蒙升任橫野中郎將，賜錢千萬。相對於對董襲、呂蒙的高度評價，淩統因為事前曾經在醉酒後殺了一名同僚，屬於戴罪之身，孫權對其就不方便再誇獎和賞賜了。不過，淩統也並非一無所獲，戰後他從原本的破賊都尉變成了承烈都尉。這一官號是孫權專門為淩統添置的，所謂「承烈」，就是要他繼承父親淩操的功烈，將父親的英名發揚光大。

當然，除了以上這些舊將，受到嘉勉的還有入夥不久的甘寧。實際上，出征前，孫權在把酒杯交給甘寧之後，還說了這樣一句話：「**卿但當勉建方略，令必克祖，則卿之功也，何嫌張長史之言乎。**」你儘管謀劃進軍方略，只要打敗了黃祖，你就是大功一件，何必因為張昭的話而生氣呢？

如今，大功告成，甘寧在戰役中雖然沒有打前鋒、當主力，但甘寧的情報資訊和謀劃之功是實實在在的。因此，除了根據甘寧的請求赦免了蘇飛之外，孫權還專門授予甘寧領兵權，讓他駐紮在夏口附近的當口，擔任「進伐劉表」的急先鋒。

由於夏口地處江北，對於東吳來說屬於易攻難守之地，因此孫權並沒有屯兵固守。不過鑒於曹操已經在玄武池操練水軍，曹軍南下計日可待，孫權除了讓甘寧這個「江夏通」駐軍前沿，自己也在距離荊州不遠的柴桑待了下來。在這裡，雖不能如魯肅所說「觀天下之釁」，但至少可以觀荊州之變。

第三章　襄陽

表面風輕雲淡，內裡為何風捲雲湧？

北方，曹操已在大練水軍；東方，孫權也已大打出手；而此時的荊州首府襄陽，卻依舊雲淡風輕，沉靜如水。

建安十三年春夏之交的一天，襄陽城中的一處大宅院中，兩名士大夫模樣的男子談笑著共同登上了一座高樓。初夏、大宅、高處，此時、此地、此境，想必二人是登高望遠甚至把酒臨風來了。沒錯，按照主人家的說法，他的確是邀請這位貴客來賞景的。

可是，二人剛一登樓，畫風就陡然發生了變化：上樓後，主人先是命人撤去了上下樓的木梯，隨後對客人深施一禮，懇切地說道：「**今日上不至天，下不至地，言出子口，而入吾耳，可以言未？**」今天，這裡我們倆，上不接天，下不連地，話從您的口中講出來，直接入到我的耳朵裡，不可能有第三個人聽到，您現在可以對我講了吧？

很顯然，這是主人家精心設計好的一個圈套。這個圈套不僅留下了一個叫作「上樓去梯」的成語，而且被後世納入三十六計之一，成了引人上當的經典計謀。那麼，高明設套的這個人是誰呢？而傻傻入套的那個人又是誰呢？

設套的這位，是荊州牧劉表的長子劉琦；而入套的這位，則是左將軍劉備身邊的首席智囊諸葛亮。

這就有些奇怪了，按道理來說，在兩人中要論高明的話，應該要屬諸葛亮，那他為何會傻傻地入了劉琦的套呢？

同時，透過劉琦的話語可以判斷，這已經不是劉琦第一次向諸葛亮求教了，要不是被逼到了跼天蹐地的地步，估計他也不會琢磨出這樣一個別有天地的對話場景來。那麼，劉琦到底遇到了怎麼樣的困境呢？

此外，這一切又與襄陽乃至整個荊州的命運，有著什麼樣的關係呢？平靜如水的襄陽到底又湧動著什麼樣的暗流呢？

荊襄大族

所謂事出有因，要探究劉琦的窘境，還要從他的父親劉表和十八年前的荊州說起。

初平元年（西元一九〇年），隨著中原風雲激蕩，荊州也開始風起雲湧。打著反對董卓的旗號，長沙太守孫堅，一路北上，先是殺了荊州刺史王睿，接著又殺了南陽太守張咨。同樣打著反對董卓的旗號，從朝廷中出走的後將軍袁術，一路南下，先人一步奪去了荊州乃至整個九州最富足的大郡：南陽。隨後，袁術與孫堅在南陽會面，風起雲飛般一起登上了逐鹿中原的舞臺，而此時的荊州卻風流雲散般亂成了一鍋粥，以宗族和鄉里關係為紐帶結成的「宗賊」集團，成了荊州的一個個「土皇帝」，把這裡搞得比中原還亂。就是在這種情勢下，即將邁入知命之年的劉表，從朝廷那裡得到了荊州刺史的任命。

在那個風雲際會的時代，與其他風舉雲搖的諸侯豪強相比，劉表可以說是起了個大早，趕了個晚集。作為漢景帝的後代，「**身長八尺餘，姿貌溫偉**」的劉表不僅出身不凡、相貌出眾，而且很早就躋身於名士之列。當時，無論朝廷還是民間，都十分注重清議和風評，而無論是標榜才智容貌的「八俊」，還是標榜志向旨趣的「八友」，乃至標榜德行擔當的「八顧」，年輕的劉表都榜上有名，可以稱得上是天下士人的標杆。

入圈上榜固然是好事，但捲入政治鬥爭就麻煩了。延熹九年（西元一六六年），把持朝政的宦官集團將李膺等一批朝廷官員，外加一幫太學生和名士，誣衊為「**誹**

訕朝廷，疑亂風俗」的黨人，不僅將他們加以逮捕、流放，並且在政治上予以禁錮，下令其終身不得做官。這一被稱為「黨錮之禍」的政治事件，從延熹九年一直延續到了中平元年（西元一八四年），受到牽連者更是成百上千。而劉表，就是這千百人中的一個。黨錮開始後，二十五歲的劉表選擇了逃亡，並且一逃就是十八年。就這樣，在本該大展宏圖的黃金年齡，劉表卻成了政治上的邊緣人。

黃巾起義爆發後，感到壓力和孤立的朝廷，想起了那幫正直的黨人。於是，黨錮迅速解除，忠良的黨人有了一個再次報效朝廷的機會。此時的劉表也被大將軍何進徵召為掾屬，入朝擔任了北軍中候。北軍中候雖然只是一個秩六百石的低階官員，但承擔的卻是比監察屯騎、越騎、步兵、長水、射聲等北軍五營校尉等一干兩千石高官的重任，對劉表這樣一個沉寂多年的宗室加名士來說，也算是一種信任和重用了。

當然，比起之後董卓對劉表荊州刺史的任命，北軍中候似乎就不算什麼了。也許是看中了劉表宗室加名士的身分，覺得他既不會拋棄血緣，打著漢室的旗號反漢室，也不會拋棄名節，憑著名士的身分去反名教；更也許，是看到沒有人願意去蹚荊州那攤渾水。總之，董卓把一個紙上的荊州交到了劉表手中。

如果不是你死我活的朝廷政爭，恐怕劉表不會陷入令他流落江湖的困頓；如果不是席捲天下的黃巾起義，恐怕劉表不會走出黨錮的藩籬；如果不是攪動荊州的孫堅、袁術，恐怕劉表也不會走出禁錮的京城。經過多年的起起落落，劉表深深明白了因人成事、因勢利導的重要。於是，一接到那一紙任命，劉表就曉行夜宿、馬不停蹄，一個人一匹馬來到了荊州的宜城。

原本，宜城只是荊州南郡治下的一座小城，但劉表為什麼放著荊州首府江陵這樣的大城不去，偏偏要去宜城這個小地方呢？不久後的會面給出了答案。

在宜城，劉表與一對叫蒯（音同快，三聲）良和蒯越的兄弟，以及一個叫蔡瑁的人進行了會晤，並且藉由晤談，共同定下了平定荊州的計策。具體來說，就是先由蒯越派手下威逼利誘、軟硬兼施地誆騙各地宗賊領袖前來宜城赴宴，然後將這些地頭蛇一網打盡，一掃而光。

這一謀劃，看似簡單，實則頗有難度。真正的難點就在於，這些宗賊領袖憑什麼就要買劉表的賬？憑什麼蒯越只要派幾個手下就能夠令他們俯首貼耳？

實際上，向劉表提出這一建議的正是蒯越本人。原本，蒯越的哥哥蒯良是建議劉表先採取「**仁義之道**」，這一懷柔策略來穩定局勢的。可是，蒯越一句「**治平者先仁義，治亂者先權謀**」，立刻改變了整個政策方向，治世才講仁義，亂世又有什麼仁義可言？隨之，蒯越獻上了誘殺宗賊豪帥的計策。

聽了蒯良、蒯越兩兄弟截然相反的觀點，劉表只說了一句話：「**子柔之言，雍季之論也。異度之計，臼犯之謀也。**」

一個是「雍季之論」，另一個是「臼犯之謀」，這是什麼意思？劉表到底採納誰的意見？

這裡，劉表拿春秋時期晉楚爭霸的例子，與此時的荊州局勢作了一個類比。據《左傳》記載，在晉國與楚國展開城濮之戰前夕，針對敵眾我寡的戰爭形勢，晉文公曾徵詢大臣的建議。大臣臼犯建議運用「詐術」取勝，雍季則認為使詐是「**竭澤而漁**」，雖可能贏在當下卻會輸了長遠。結果，晉文公採用「退避三舍」的詐術取得了城濮之戰的勝利，進而奠定了晉國的霸主地位。然而，在論功行賞時，晉文公卻把雍季排在了臼犯的前面。面對眾人的不解，晉文公解釋說：「**雍季之言，百世之利也；臼犯之言，一時之務也。焉有以一時之務先百世之利者乎？**」，臼犯的話可以解一時之急，而雍季的話則能夠得百世之利，因此雍季要排在前面。

此時，劉表把蒯良（字子柔）的建議比喻成「雍季之論」，把蒯越（字異度）的建議比喻成「臼犯之謀」，既肯定了蒯越，但也沒有否定蒯良，可謂以古喻今，左右逢源。

至於到底該採納誰的意見，劉表在這番類比中實際上也給出了答案：雖然蒯良的「仁義之道」是興百世之利的「雍季之論」，蒯良的權謀之術則是解一時之務的「臼犯之謀」，但沒有一時哪來百世，既然晉文公採納了「臼犯之謀」，我劉表自然也要採用權謀之術了。

實際上，無論是蒯良認為可以用「仁義之道」懷柔荊襄，還是蒯越自信可以用權謀之術止亂制暴，乃至劉表以古喻今兩不得罪，都有一個重要的基礎和前提，就是蒯氏家族在荊州的地位和影響。

與劉邦依靠蕭何、樊噲（音同快）等基層官吏和底層豪傑起家不同，劉秀建立的後漢王朝是依靠豪族的支持起家的；同樣與劉邦建國後透過大殺功臣來鞏固政權不同，劉秀是藉由與豪族分享權力成果來穩固政權的。就這樣，經過一百多年的發展，不僅在朝廷的權力中樞出現了諸如袁紹家族、楊彪（音同標）家族這樣四世三公的大豪門，在帝國的許多州郡也出現了一眾小豪族，蒯家就是其中之一。

作為秦末漢初著名的策辯之士蒯通的後代，襄陽蒯家歷經數代，逐漸成為南郡乃至整個荊州的望族，族中更是人才濟濟。「**深中足智，魁傑有雄姿**」的蒯越，幾年前曾被大將軍何進征辟為東曹掾，協助何進從事官吏的選拔任用工作。後來，面對外戚與宦官之間水火不容的矛盾鬥爭，蒯越向何進提出了將宦官一網打盡、一掃而光的建議。結果，何進雖怦然心動卻舉棋不定，最終在袁紹的建議下採取了借刀殺人這一招：詔令董卓進京。看到這種情形，蒯越知道何進離失敗的日子不遠了，於是便向何進提出了外放為汝陽令的請求。不過，蒯越從何進手裡拿到那張任命書後，有沒有前往汝陽赴任卻不得而知。能夠知道的是，不久後，在天下擾攘、風起雲湧之時，蒯越已經回到了家鄉襄陽，並且豢養了一大批門客、勇士。當然，蒯家不只蒯越這一個人物，他的哥哥蒯良以及同族兄弟蒯祺，也都是在當地頗有影響力的人物。有了家族的支撐和門客的歸附，蒯越敢於大包大攬，也在情理之中。

不過，蒯越自信可以誆騙到各地宗賊，除了自家的影響力之外，還因為襄陽一帶的另一豪族——蔡家，如今也與自己站到了一起。

「**漢末，諸蔡最盛**」，這一點不僅被後世史家載入史書，並且當時在荊襄八郡更是人所共知。據載，蔡家不僅是襄陽一帶的頭號地主，城外莊園別墅多達五十餘處，而且採用聯姻的方式在政治上取得了相當的地位和影響力。蔡氏家族的族長叫蔡諷，他的姐姐就嫁給了曾在朝中擔任太尉的名臣張溫，而他的大女兒則嫁給了「沔（音同免）南名士」黃承彥。此時，與劉表共商大計的蔡瑁，正是蔡諷的兒子。

有了蔡、蒯兩大家族的支持，劉表的腰板自然硬氣了不少，而此後的事實證明，蒯越的建議的確效果與效率兼具。

一聲招呼，幾十個宗賊首領就聚到了宜城，看起來是甕中捉鱉、省時省力。當然，這其中也有不「入甕」的，江夏的宗賊領袖張虎和陳生就沒有來赴宴。他們不僅不來，還據守宜城北面的襄陽城試圖進行抵抗。

看到這種情況，蒯越倒也毫不含糊，既然手下人叫不來張虎、陳生，蒯越就親自出馬，同時還叫上了同為襄陽望族成員的龐季。這下子，張虎、陳生沒別的辦法了，只好乖乖投降。一旦群龍無首，剩下的事情就都好解決了，沒多久「**江南遂悉平**」。

所謂投桃報李，既然蔡、蒯兩家幫劉表拿下了荊州，劉表自然也不能虧待了這兩家人。於是，一在荊州站住腳跟，劉表就毫不猶豫地把自己的治所定在了襄陽。

實際上，蒯越在向劉表提出誅殺諸宗賊領袖的建議時，就告訴劉表「**兵集眾附，南據江陵，北守襄陽，荊州八郡可傳檄而定**」，言下之意，整個荊州只有兩個重點，一個是南面的江陵，另一個是北面的襄陽。的確，從地理位置上看，江陵地扼長江，襄陽鎖鑰漢江，都是襟江帶湖的戰略要地，劉表無論把治所放在哪一處都是恰當的。不過，江陵因為地處整個荊州的地理中心，之前又原本是荊州治所，相形之下似乎更合適一些。

可是，劉表之所以果斷地把治所放在襄陽，考慮的恐怕不僅僅是地利，更大程度上還有人和。畢竟，蒯氏家族在襄陽，蔡氏家族也在襄陽，此外，龐季背後的龐氏家族等，基本也都在襄陽。治荊州於襄陽，一方面可以向荊襄大族表示回饋，另一方面也是為了荊州的長治久安。

除了在治所選擇上親近荊襄大族，劉表在政治軍事上也高度依賴他們。幫助劉表取得荊州後，蒯越因功而被拜為章陵太守、封樊亭侯，而蔡瑁則先後擔任江夏、南郡、章陵等郡的太守。後來，劉表被朝廷封為鎮南將軍，蔡瑁則被任命為軍師。除此之外，蒯良還被劉表任命為主簿，龐季也得到了任用。

除了軍國大事依賴大族，劉表在自己和兒子的婚姻問題上，也把荊襄大族當作首選。劉表的原配夫人陳氏，出身於潁川豪門陳氏家族，但剛到荊州不久，陳氏就去世了。於是，劉表就面臨著續弦的問題。對此，劉表沒有過多猶豫，很快就迎娶了蔡諷的二女兒，也就是蔡瑁的姐姐，這裡姑且稱之為蔡氏。不僅如此，劉表還為自己的次子劉琮（音同從）迎娶了蔡氏的侄女。這樣看來，劉琮不僅可以稱呼蔡氏為母親，還可以稱呼蔡氏為姑姑，這關係搞得真是火熱。

毫無疑問，透過與蔡家的聯姻，劉表與荊襄第一豪門結成了牢不可破的聯盟。在這一聯盟中，雙方的家族成員幾乎都是受益者——除了劉表的長子劉琦。

作為家中的長子，劉琦不僅具有天然的繼承權優勢，而且因為長相酷似劉表而被「**甚愛之**」。可以想見，如無意外，劉琦將毫無懸念地成為劉表的繼承人、未來荊州的執掌者。然而，不怕一萬就怕萬一，所有的萬一就發生在劉琮娶了蔡家的女人之後。因為這門婚事，劉琮與蔡氏的關係無疑深過劉琦與蔡氏的關係，於是，蔡氏開始「**愛琮而惡琦**」，並且每天一有機會就對劉表表達她對劉琦的詆毀和對劉琮的讚譽。時間久了，劉表對兩個兒子的看法也漸漸發生了變化。不只是蔡氏，蔡氏的弟弟蔡瑁、劉表的外甥張允——這兩位手握兵權的家族成員也逐漸站到了劉琮那一方。這下，劉琦害怕了。於是，惶恐、彷徨、無助的劉琦找到了諸葛亮。

觀天下變

如果說，劉表藉由聯姻籠絡了大族蔡氏，促進了荊州和諧的話，那同樣是因為聯姻，他也疏離了長子劉琦，造成了家族分裂。

不過，挑戰還遠不只於此。在未來何去何從，這一事關荊州前途命運的重大問題上，荊州內部面臨著更大的撕裂。

應該說，在那個「白骨露於野，千里無雞鳴」的悲慘時代，劉表是個稱得上卓越的領導者。由於「**招誘有方，威懷兼洽**」，荊州在劉表的治理下，呈現出了一幅「**萬里肅清，大小咸悅而服之**」的清平景象。不僅內部悅服，荊州的祥和也吸引了北方的大批士人和百姓，據不完全統計，「**關西、兗、豫學士歸者蓋有千數**」，而關中地區「**人民流入荊州者十餘萬家**」。對於這些外來者，劉表均「**安慰賑贍，皆得資全**」，安置得服服貼貼。

有了內部的和諧和人口的流入，名士出身的劉表開始實施自己的儒家理想。他

「**起立學校，博求儒術**」，延請宋忠、司馬徽等大儒開壇講學，請綦（音同奇）毋闓（音同凱）等經學家編撰《五經章句》。同時，文化典籍的搜集整理也如火如荼地展開，一時間「**古典畢集，充滿州閭**」。經過這樣一番發展，荊州竟然崛起為全國的文化中心，甚至誕生了一個被後世稱為「荊州學派」的儒學派別。

內部治理可圈可點的同時，安全防禦也卓有成效。軍事上，劉表構建了一個自己坐鎮襄陽、文聘駐守北大門漢川、黃祖守衛東大門江夏、外來依附勢力盯防中原的完整防禦體系。同時，為了增強機動性，騎兵大幅擴充，水軍也組建起來，蒙衝鬥艦，數以千計。

在接下來的時間裡，劉表的這一軍事體系抵抗過了來自內、外部的多次考驗。初平二年（西元一九一年），劉表在襄陽城下擋住了孫堅的進攻，部下黃祖在峴山將孫堅射殺。建安元年（西元一九六年），涼州軍餘部、驃騎將軍張濟率軍攻打荊州治下的穰（音同攘）城（今河南鄧州市），結果中飛矢而死，其侄張繡率軍歸附劉表。建安二年（西元一九七年），面對曹操的南征，劉表與張繡合力將其擊潰。建安三年（西元一九八年），面對曹操對張繡的再次征伐，劉表及時施以援手，再次擊退曹操。同樣是建安三年，針對長沙、零陵、桂陽等荊州南部地區的反叛，劉表全力圍剿，最終平撫叛亂、收復三郡。

難能可貴的是，雖然在軍事上幹掉了對手，但事後劉表仍努力展現出「仁義之道」。孫堅被射殺後，面對部屬桓（音同環）階不忘孫堅曾經的舊恩，前往奔喪的請求，劉表慨然答應。張濟戰死後，面對部下的祝賀，劉表不喜反憂：「張濟因窮途末路而來，我作為主人卻如此無禮，這豈是我的本意，我只接受弔唁而不接受祝賀。」

政治上政通人和，軍事上固若金湯，在處理外部關係上，劉表同樣顯得遊刃有餘。入主荊州後，對待李傕、郭汜控制的朝廷，劉表持續遣使進貢，維持君臣名分；對待逐鹿關東的群雄，劉表遠交袁紹、近禦袁術，穩穩地立足於江漢之間。憑著這種兩不得罪的手法，劉表不僅從朝廷那裡取得了鎮南將軍、荊州牧、封成武侯、假節等一系列政治權力，而且硬生生將袁術擠出了南陽，趕到了淮南。

從效果上看，劉表的策略是務實而成功的。既然關中的李傕、郭汜擁有政治優勢，關東的袁紹擁有軍事實力，雙方雖然表面對立但實際上卻遠隔關山，互不牽扯，那麼為什麼不左右逢源，兩邊漁利呢？就這樣，劉表靈活而愜意地享受著自己的外交紅利。

然而，當時光走到建安元年（西元一九六年），改變悄悄地發生了。這一年，天子先是從關中的長安回到了關東的洛陽，隨後又被曹操迎奉到了許縣。如此，天子這一政治共主和袁紹這一軍事盟主就紮堆到了關東，劉表原本運用自如的兩手就遇到了挑戰。

看到劉表既對天子「**遣使貢獻**」，又「**北與袁紹相結**」，劉表手下的治中鄧義提出了質疑：既然擁戴天子那就徹底擁戴天子，怎麼能既擁戴天子又結盟袁紹呢？

面對質疑，劉表明確地說出了自己的策略原則：「**內不失貢職，外不背盟主，此天下之達義也。治中獨何怪乎？**」對天子我保持進貢的職分，對盟主我保持合作的關係，這是天下公認的道理，治中你怎麼就嗔怪起來了？也許，劉表還有一句話沒說：這五六年來，荊州的外部穩定是怎麼來的？難道不是受益於這左右逢源的兩手嗎？這麼長的時間，你都沒提出質疑，怎麼天子一跑到許縣，你就開始質疑了呢？

天子當然還是那個天子，盟主當然也是那個盟主，但關中與關東能一樣嗎？李傕、郭汜與曹操能一樣嗎？挾天子和奉天子能一樣嗎？然而，鄧義沒有再發表意見。不久，他就以身體有疾為由辭職回家了，之後再也沒有回到劉表身邊。

鄧義不說話了，然而之後形勢的發展卻讓另外一群人又站了出來。

建安五年（西元二〇〇年），曹操和袁紹在官渡相持不下。此時，面對袁紹「**遣人求助**」，劉表表面上態度積極、滿口應允，實際上卻按兵不動；同時，他也沒有站在曹操那一邊，而是擺出了一副坐山觀虎鬥的架勢，「**欲保江漢間，觀天下變**」。

看到劉表如此首鼠兩端，手下的從事中郎韓嵩、別駕劉先共同提出了建議。

一上來，二人先指出了劉表對於曹袁雙方的價值所在：「**豪傑並爭，兩雄相持，天下之重，在於將軍**」，曹操、袁紹這兩強對決，你倒向哪邊，哪邊就占據上風。

緊接著，二人列出了劉表身處其中的可能選項：「**將軍若欲有為，起乘其弊可也；若不然，固將擇所從。**」你要真想幹點事，那就趁著二人鷸蚌相爭，漁翁得利也罷，趁火打劫也好，總之要藉機崛起；如果你沒有亂世爭雄的心，那還是倒向一邊比較好。

說完上面這些，韓嵩、劉先就開始你一言我一語地慫恿劉表選邊站隊了，什麼「**擁十萬之眾，安坐而觀望**」的猶豫心態，什麼「**見賢而不能助，請和而不得**」的兩難困境，總之，劉表想保持中立、維持現狀是不可能了。

既然這樣，那又該選哪一邊、站誰的隊呢？答案就是：曹操！

論個人素質，曹操無疑更「**明哲**」；論人心歸附，現在「**天下賢俊皆歸之**」；

預測對決結果，曹操「**必舉袁紹**」。總之，劉表「**不若舉州以附曹公**」。這樣，於劉表、於後代，都是「**萬全之策**」。

如果說劉表是個方向明確、信念堅定的人，他自可以搬出之前對鄧義說過的那番「天下之達義」來回覆韓嵩、劉先。然而，這次劉表卻「**狐疑**」了。從鄧義到韓嵩、劉先，怎麼一直有人勸自己？並且，鄧義是荊州章陵人、韓嵩是荊州義陽人、劉先是荊州零陵人，這些人怎麼還都是荊州本地人？更麻煩的是，大將蒯越也向劉表表達了同樣的意思！要知道，蒯越可是自己在京城時就熟悉的知交，還是用權謀之術幫助自己收服了荊州的智囊，他怎麼也開始不挺自己人了？

招架不住一堆本土派的勸諫，劉表決定派韓嵩前去面見曹操，一探虛實。你們不是認為曹操「明哲」嗎？那就幫我看看曹操明在何處、哲在哪裡吧。

可是，韓嵩聽到委派，卻沒有立即領命，而是說了這樣一段話：「**夫事君為君，君臣名定，以死守之**」，跟著你就一定為你著想，既然我們有了君臣的名分，我就一定以死捍衛。

如果說，韓嵩上面這句話說得是義正辭嚴的話，那麼下面這句話就堪稱慷慨激昂了：「**今策名委質，唯將軍所命，雖赴湯蹈火，死無辭也。**」今天你既然委派了我這項任務，我一定唯命是從，就算赴湯蹈火也在所不辭。

前一句「以死守之」，後一句「死無辭也」，韓嵩絕對能被劉表看作死心塌地的死黨了。可是，話鋒一轉，韓嵩聊到了曹操：「**以嵩觀之，曹公至明，必濟天下。**」在我韓嵩看來，以曹操的明哲，一定能夠匡濟天下。

怎麼回事？不是我的死黨嗎？怎麼又誇起曹操來了？還不只這樣，韓嵩又談起了老調：「**將軍能上順天子，下歸曹公，必享百世之利，楚國實受其祐，使嵩可也。**」你要是能順從天子，歸依曹操，一定能夠百世獲益，荊州也因此得到庇佑，這樣讓我韓嵩出使當然沒問題。

聞聽此言，劉表不由地心頭一驚：我要是不歸順呢，莫非你就不出使了？你剛剛可是還說「雖赴湯蹈火，死無辭」呀！

緊接著，韓嵩給出了答案：「**設計未定，嵩使京師，天子假嵩一官，則天子之臣，而將軍之故吏耳。**」你要是還沒想明白，那麼我出使京師，一旦天子給了我一官半職，那我就是天子的新臣、將軍的故吏了！

當了天子的臣屬又會如何？「**在君為君，則嵩守天子之命，義不得復為將軍死也。**」跟著誰就為了誰，到那時我就恪守天子的命令，道義上不會再為將軍赴死了。

呃！怎麼說變就變了？

「**唯將軍重思，無負嵩。**」你要想好了，千萬別辜負我！

呃！呃？明明是你想辜負我，怎麼成了我辜負你了？

這下，劉表感覺到事情的嚴重了：派韓嵩出使，回來肯定是說曹操的好；不派韓嵩出使，待在荊州肯定是繼續說曹操的好。怎麼辦？既然已經下令讓韓嵩出使了，那就讓他去吧。說不定，實地勘察之後，他會轉變立場呢！於是，韓嵩踏上了北上出使之旅。

毫無意外，韓嵩進京後，不僅被拜為朝廷侍中，而且還被授予零陵太守，侍中是個虛銜，零陵太守卻是荊州治下的一個實職，朝廷請客，買單的卻是劉表，你說氣不氣人？而更氣的是，韓嵩一回來，就大為稱頌朝廷和曹操的恩德，搞得整個荊州都對曹操控制的朝廷身不能至，心嚮往之。

這下，劉表不幹了，大怒的他不僅口口聲聲要殺掉韓嵩，而且對跟隨韓嵩出使的人員嚴刑拷問，一定要找出韓嵩吃裡扒外的證據來。

一番折騰之後，劉表不僅沒有發現韓嵩暗通曹操的任何蛛絲馬跡，反而將自己「**雖外貌儒雅，而心多疑忌**」的性格缺陷一覽無餘地展示在了荊州士人面前。

就這樣，在韓嵩一句句「**將軍負嵩，嵩不負將軍**」的呼喊下，劉表只得將他一關了之。

隱遁遠離

建安元年（西元一九六年），在曹操決定迎奉天子之前，謀士荀彧曾經幫他從三個方面分析了「奉天子」可能產生的正效應，即：從民望、服雄傑、致英俊。以上三者的目標指向分別是百姓、諸侯和士人，但就荊州而言，曹操「奉天子」的最大成果就是「致英俊」。

隨著天子移駕中原腹地許縣，不僅蒯越、韓嵩、鄧義這些劉表身邊的出仕者，相應地產生了「舉州以附曹公」的想法，那些無職無權的出世者，特別是為了避亂而從中原來到荊州的英俊們，更是看穿了劉表，開始用行動來表明態度了。

一些英俊在識破劉表「雖外貌儒雅，而心多疑忌」的本質後，主動遠離了襄陽，比如：和洽、杜襲、繁（音同婆）欽、裴潛。

汝南人和洽，最初拒絕了同鄉袁紹「**遣使迎汝南士大夫**」去冀州的機會，因為他認為冀州是危險的「**四戰之地**」，而「**荊州劉表無他遠志，愛人樂土**」。然而，當他帶著親戚故舊一起南下去依附劉表時，儘管劉表「**以上客待之**」，但他卻發現劉表是個「**不可黷近**」的「**昏世之主**」，時間久了會有危險。於是，和洽又舉家往南遷到了武陵郡。

潁川人杜襲，因為避亂來到了荊州，被劉表「**待以賓禮**」。不過，當杜襲看到同鄉繁欽多次在劉表面前展示才華時，卻勸說繁欽要像潛龍一樣隱藏自己，千萬不要把劉表當成可以委身的「**撥亂之主**」。同時，杜襲還威脅道：「**子若見能不已，非吾徒也。吾其與子絕矣！**」，你如果再一味表現自己，那就不是我的朋友了，我就要和你絕交。聽了這話，繁欽毅然地說：「**請敬受命。**」我一定聽你的。於是，杜襲、繁欽再加上同為潁川人的趙儼（音同眼），一起躲到了長沙，過起了「**通財同計，合為一家**」的集體生活。

與杜襲類似的還有河東人裴潛。避亂荊州後，雖然劉表「待以賓禮」，但裴潛卻私下裡對好友王粲（音同燦）和司馬芝說：「**劉牧非霸王之才，乃欲西伯自處，其敗無日矣。**」意思是劉表並沒有開創霸業的才幹，但卻以周文王自居，他離敗亡沒多少日子了。於是，裴潛也跑到了長沙。

與一些英俊因對劉表失望而主動南遷不同，南郡人劉廙（音同意）則在哥哥被殺後，北上投了曹操。劉廙的哥哥劉望之是個「**有名於世**」的俊傑，因此被劉表徵召為了從事。但沒過多久，劉望之卻因為忠言直諫與劉表產生了矛盾，棄官回到了鄉里。照理說官都不做了，人也回來了，與劉表的糾葛就此也就打住了。可是，劉廙聯想到哥哥兩個朋友之前因為被人誣陷，而被劉表殺害的教訓，勸哥哥外出避禍。然而，劉望之並沒有聽從弟弟的勸告，不久就被劉表殺害了。哥哥死了，劉廙也怕了，於是便逃到了朝廷控制的揚州，歸附了曹操。

與劉廙的被迫和輾轉不同，荀攸和趙儼等人則在「奉天子」的旗幟下，徑直來到了曹操身邊。

出身潁川望族的荀攸，早在外戚何進當政時期就被作為「**海內名士**」徵召入朝，後來還曾組織過對董卓的刺殺，事情洩露後，他的同黨因為恐懼而自殺，而被關入大牢的荀攸卻「**言語飲食自若**」。後來，原本是要去益州擔任蜀郡太守的他，因為道路斷絕而滯留在了荊州，但劉表對這等人物卻一直視而不見，結果，曹操把天子迎到許縣後，一封書信便把荀攸召入了朝。

潁川郡陽翟（音同宅）人趙儼，因為避亂來到了荊州，看到曹操迎奉天子的舉動後，他對與自己一同避難的好友繁欽說：「**曹鎮東應期命世，必能匡濟華夏，吾知歸矣**。」意即，鎮東將軍曹操順應天命，有治世的才幹，一定能夠匡濟天下，我知道我的歸向了。於是，建安二年（西元一九七年），二十七歲的趙儼叫上繁欽，率領家族老幼投奔了曹操。

相較於那些或南遷或北上的英俊，還有一部分人雖然還留在劉表身邊，但卻早已心猿意馬了，其中一個典型的例子就是王粲。

初秋時節的荊襄大地，一派欣欣向榮的景象，放眼望去，滿目金黃之中的麥城，卻顯得越發巍峨而孤寂。此時，一位客居荊州的青年拾級而上，踏上了高聳的麥城城樓。

面對「**華實蔽野，黍稷盈疇**」的豐收景象，青年不僅毫無欣喜之色，反而心懷抑鬱，憂思連連。青年時而「**憑軒檻以遙望兮，向北風而開襟**」，時而「**悲舊鄉之壅隔兮，涕橫墜而弗禁**」；即使走下高樓，他仍然「**氣交憤於胸臆**」；就算半夜躺下，他還是「**悵盤桓以反側**」。一句話，青年很失意，異鄉的繁華和寥落都與他無關，也許只有回到中原舊鄉才能給他帶來快意。

青年失意的原因很簡單：相比於在中原得到的禮遇，他在劉表治下的荊州並不得志。「**惟日月之逾邁兮，俟河清其未極**」，看著時光白白流走，任憑天下紛亂渾濁，自己卻無所事事，你說鬱悶不鬱悶？

這位青年不是別人，正是日後被稱為「建安七子」之一，甚至被後世文學評論家劉勰（音同協）讚譽為「七子之冠冕」的王粲。

王粲，字仲宣，山陽郡高平縣（今山東微山縣）人。王粲的曾祖父王龔（音同公）在漢順帝時擔任太尉，祖父王暢在漢靈帝時擔任司空，父親王謙曾在大將軍何進的府中擔任長史。出身名門望族的他自幼就才華橫溢，甚至得到了名士蔡邕（音同庸）的青睞。

有一次，蔡邕聽說王粲前來求見，甚至來不及穿好靴子，就慌忙出來迎接（**倒屣迎之**）。王粲進屋後，在座的賓客看到進來的竟然是一個身材矮小、相貌平平的少年，都十分驚訝。而蔡邕卻以讚賞的口吻向大家介紹說：「這位是王暢先生的孫子王粲，他有奇異非凡的才華，我自愧弗如。我家裡收藏的書籍文章，全都應當給他。」這件事，留下了一段佳話以及兩個成語：迎君倒屣、書籍相與。

蔡邕的判斷沒錯，十七歲時，王粲就少年得志，被朝廷任命為黃門侍郎。然而，隨著長安城傾山倒海般的變亂，他沒有赴任，而是背井離鄉來到了荊州，成為劉表座上的幕賓。不過，號稱愛民養士的劉表對這位身材瘦弱、其貌不揚，還有些不拘小節的年輕人並不怎麼看重，除了請他代為起草一些檄文和書信之外，似乎並沒有給他太多展現學識和才華的機會。

本已天涯羈旅，又加懷才不遇，客居荊州的王粲唯一能夠排解苦悶的方式，就是吟詩作賦了。於是，我們看到了上面的那首《登樓賦》。

在《登樓賦》中，王粲認為荊州「**雖信美而非吾土兮，曾何足以少留？**」而在另一篇《七哀詩》的起首，王粲更是直抒胸臆：「**荊蠻非我鄉，何為久滯淫？方舟溯大江，日暮愁我心。**」看來，荊州再好也只是荊蠻，故鄉才是我留戀的地方。

如果說王粲的不滿還只能寫在紙上、半遮半掩的話，那長沙人桓階的行為簡直就是明火執仗了。

桓階是在孫堅擔任長沙太守時被舉薦為孝廉的，因此桓階對孫堅始終心存感激。初平三年（西元一九二年），孫堅在峴山意外身亡時，原本在朝廷擔任尚書郎的桓階，恰好因父親去世回家鄉奔喪。聽說孫堅戰死的消息後，桓階冒著危險去見劉表，請求為孫堅發喪。鑒於桓階的義舉，劉表答應了桓階的請求，將孫堅的屍體交給了桓階。

為孫堅辦完喪事後，桓階回到了家鄉長沙，始終寂寂無聞，直到建安五年（西元二〇〇年）。這一年，看到曹操和袁紹在官渡相持，而劉表選擇與袁紹遙相呼應，桓階便來到長沙太守張羨跟前，鼓動張羨在劉表的後院放把火。

「**舉事而不本於義，未有不敗者也**」，舉大事而不從道義出發，哪有不失敗的道理？這是桓階的立論基礎。那麼，誰又是那個不本於義的人呢？自然是與朝廷作對的袁紹。袁紹不本於義，那幫助袁紹的人呢？自然也是「**取禍之道**」，自尋死路了。這個人又是誰呢？當然是劉表了。

既然袁紹不義，劉表取禍，那張羨又如何才能「**立功明義，全福遠禍**」呢？那自然就要投靠「**仗義而起**」的曹操。於是，經過桓階一番勸說，張羨不僅帶著長沙和旁邊的三個郡造起了劉表的反，而且派遣使者去面見曹操，使得曹操「**大悅**」。後來，張羨病死，長沙陷落，桓階也藏匿了起來。

有別於王粲的直抒胸臆和桓階的明目張膽，南陽人韓暨選擇了隱忍。最初，韓暨為了躲避袁術的任命，躲入了南陽郡山都縣的山中，然而在山中沒待多久，劉表又要禮辟他。於是，韓暨又一路往南跑到了長江南岸的孱（音同站）陵縣。到達孱陵後，韓暨知道他不能再跑了，因為無論走到哪裡，他都受到了當地人的尊敬和愛戴，這已經讓劉表「**深恨之**」了，如果再這樣走下去，就不只是「消費」劉表的民意資源了，簡直是在「消費」自己的性命了。於是，韓暨接受了禮辟，做了劉表手下的宜城縣縣長。

有人選擇隱忍，還有人選擇隱居。這其中的典型，就是龐德公。

龐德公，字尚長，襄陽人。雖然出身於襄陽大族龐氏，並且還是龐家的長者，但性情恬淡的他，卻與妻子居住在襄陽城郊的峴山之南，耕田犁地之餘，以讀書、彈琴為樂，一輩子也沒進過城，更沒去過官署。

鑒於龐德公的背景和名聲，劉表不僅多次派人延請龐德公出山輔佐，而且在手下被拒後，親自來到了龐德公跟前。

一見面，劉表就尖銳地提出了一個「小我」與「大我」的命題：「**夫保全一身，孰若保全天下乎？**」保全自己一個人，怎麼比得上保全天下呢？言外之意，龐德公有逃避社會責任之嫌。

對此，龐德公微笑作答：「**鴻鵠巢於高林之上，暮而得所棲；黿鼉**（音同元陀，中國神話傳說中的巨鱉和豬婆龍）**穴於深淵之下，夕而得所宿。夫趣舍行止，亦人之巢穴也，且各得其棲宿而已，天下非所保也。**」鳥居於林，龜居於淵，每個人也都有自己的巢穴，萬事萬物各安其所，天下有什麼需要保全的。操那麼多心，不是和自己過不去嗎？

聽到這裡，劉表仍不死心，隨手指著正在耕田耘地的龐德公妻兒說：「**先生苦居畎畝，而不肯官祿，後世何以遺子孫乎？**」，您苦哈哈地待在田地裡，而不願做官得祿，今後拿什麼留給子孫？

對此，龐德公的回答更是乾脆：「**世人皆遺之以危，今獨遺之以安，雖所遺不同，未為無所遺也。**」意思是說，別人留下的是危險，我留下的是安全，只是留下的東西不同罷了，怎麼能說什麼都沒留下呢？

這是一場儒家入世思想與道家出世思想的交鋒，誰也說服不了誰。於是，劉表歎息而去。劉表走後，龐德公也索性捲起鋪蓋，帶著妻兒跑到了雲深不知處的鹿門山（今湖北襄陽東南一五公里處），從此一去不返。

龐德公不願與劉表有交集，但這並不代表他沒有跟其他人有人情交往。實際上，龐德公與隱居襄陽一帶的名士往來十分密切，經常一起歡聚暢敘。有一天，司馬徽前來拜訪，恰逢龐德公渡過沔水去祭掃先人的墓地。司馬徽就像回到自己家一樣，毫不客氣地登堂入室，還招呼龐德公的妻子兒女趕快做飯，並且說：「徐庶跟我說，待會兒有客人要來與我和龐德公談事。」聽到這裡，龐德公一家上下二話不說，都忙活起來。等到龐德公回到家，二人更是像一家人一樣親密無間，竟然分不清誰是主人，誰是客人了。

日子久了，以年長的龐德公為核心便形成了一個「小圈圈」，小他十歲的司馬徽尊稱他為「龐公」，後輩諸葛亮每次到他家都要獨自拜見於床下，侄子龐統自然也是其中的骨幹。晚輩們對龐德公有尊稱，龐德公對他們也有雅稱，司馬徽因如鏡子般善於識人鑒人，被稱為「水鏡」；諸葛亮因如潛龍般隱居於臥龍崗，被稱為「伏龍」；而同樣嶄露頭角的龐統，則被稱為「鳳雛」。

這是一個超然而隱密的「小圈圈」，他們雖然超脫現實，遠離劉表，但卻能夠影響荊州，改變未來。

髀裡肉生

與大多數寄居在荊州的英俊相同，寄寓者劉備同樣對劉表「安坐而觀望」的龜縮行為深表不滿。但與大多數寄居者希望劉表「舉州以附曹公」不同，雄傑劉備的願望卻是劉表能夠舉州以抗曹操。

事實上，劉備是在官渡之戰後，從袁紹陣營投寄於劉表籬牆下的。此時，劉表至少已經透過關押韓嵩，表明了自己短期內不會「舉州以附曹公」的態度，而很可能正是看到這一點，劉備才派遣糜竺（音同迷竹）、孫乾與劉表接洽，最終南下荊州的。而對於劉備的寄寓，劉表也表現出了相當大的熱情，不僅「**以上賓禮待之**」，而且「**益其兵，使屯新野**」，把防守荊州北大門的重任交給了劉備。

應該說，在雄豪並起的漢末，劉備絕對算得上是個響噹噹的人物。

雖然少年失怙，只能與母親一起以「**販履織席為業**」，但作為中山靖王劉勝之後，劉備身上披著與劉表同樣漢室宗親的外衣。

雖然青年跌宕，僅縣尉、縣丞、縣令這類低級官吏就當過四、五個，但劉備卻在不滿而立之年就成為郡守級的官員，三十四歲時更是出人意料地被擁戴為徐州牧。

雖然中年反復，先是被呂布奪去了徐州，後是被迫歸附曹操，接著又投入袁紹陣營，但憑著早年營救孔融於北海、義援陶謙於徐州的壯舉，劉備還是贏得了「**弘雅有信義**」（袁紹語）的美名。

劉備講弘雅，劉表也不是沒有雅量。當初，對手孫堅在峴山陣亡，面對部下桓階為孫堅奔喪的請求，劉表慨然應允；後來，對手張濟在穰城戰死，面對部下的道賀，劉表不喜反憂，堅持認為不能拿別人的痛苦當快樂。凡此種種，哪裡遜色於劉備？哪裡稱不上雅量？

實際上，劉表不僅具有雅量，甚至「雅量」這個詞就源自他。傳說，劉表喜好飲酒，曾經專門讓人製作了三種喝酒用的爵，最大的叫伯雅，第二叫仲雅，最小的叫季雅，這三種爵分別可以容納七升、六升、五升酒。能夠飲下「三雅」中任何一雅而不醉的人，就是有「雅量」。就這樣，「三雅」成為了酒器的代名詞，而「雅量」則用來形容人有氣度和容人之量。

既然有雅量，自然要收留劉備，更何況這種收留還有利於荊州的防衛。長期以來，劉表之所以能夠使荊州巋然不動，一大法寶就是借力打力。為了對付中原的曹操，劉表接納了張繡，讓他駐守在荊州北部的宛城，結果，張繡也抵住了曹操的多次侵犯。為了對付益州的劉璋，劉表手下的荊州別駕劉闔積極策反益州將領沈彌、婁（音同樓）發、甘寧，最後沈彌等人雖然因起事失敗而逃入荊州，但劉表卻只賺不賠。這一次，劉表依舊如法炮製。

之後的事實證明，這一次劉表依舊是賺的。建安七年（西元二〇二年），劉備趁著曹操忙於對付袁尚的空檔，率軍北至葉縣，擺出一副尋釁滋事、報仇雪恥的架勢。然而，一聽說曹操派出夏侯惇、李典這兩名大將來對付自己，劉備立刻一把火燒了營寨，一路向南撤退。看到劉備如此窩囊樣，夏侯惇迅速領兵追擊，結果在一個叫博望坡的狹窄地方，曹軍「**為伏兵所破**」。

對劉備的投資有了回報，但劉表卻高興不起來，因為「**荊州豪傑歸先主者日益多**」，劉備這個外來客把自己這個主人的風頭都給搶走了。於是，劉表開始「**疑其心**」，開始「**陰禦之**」。劉表的陰禦措施之一，就是把劉備的常駐地從靠近豫州的新野，改到了與襄陽一水之隔的樊城。在新野，劉備多少能有些自主性；但到了樊城，劉備只能仰人鼻息、寄人籬下了，一舉一動都在劉表的窺視之下，並且劉表還三天兩頭請他去襄陽赴宴。對此，劉備心中也不乏忐忑，老祖宗劉邦經歷過鴻門宴，自己因曹操約吃飯也掉過筷子，所謂「宴無好宴，局無好局」，真不知道哪天會遇到什麼意外。

意外又似乎總是來得特別快，據《魏晉世語》記載，劉備還真遇到過一次險情。在一次宴會中，蒯越和蔡瑁這兩個劉表的左右手就「**欲因會取備**」，準備藉機取了劉備的性命。結果，劉備察覺到了蒯、蔡二人的企圖，假裝如廁，悄悄地逃了出去。

對於上面這段記載，東晉史學家孫盛頗不以為然，認為劉備本來就寄人籬下，如果真遇到這種情況，必定會抱著「**置之死地而後生**」的心態而起兵，「**豈敢晏然終表之世而無釁故乎**」？要知道，這不僅僅是仰人鼻息的問題，而是性命攸關的大事件。由此，孫盛得出結論，「**此皆世俗妄說，非事實也**」。

對於孫盛的觀點，筆者是認同的。對於如鴻門宴一般的蓄意謀殺，不僅劉備一方不可能忍受，劉表一方也不可能實施，要知道，當初不甚在乎名聲的曹操尚且害怕「**除一人之患，以沮四海之望**」，而不敢對劉備下手，如今頗為注意形象和影響的劉表怎麼可能起殺心？

其實，劉備當時的確對自己的身體很焦慮，不過這種焦慮，不是擔心自己身上會少了哪塊肉，而是擔心身上已經多出來的那些肉。

有一次，劉備又與劉表推杯換盞、大快朵頤。席間劉備內急，於是，他來到了茅廁之中。方便之後，劉備一低頭，猛然看到了自己大腿上的贅肉。頃刻之間，淚流滿面，唏噓不已。

回到座位上，劉表或許是發現了劉備臉上未乾的淚痕，或許是發覺了劉備神態的異樣，便問起其中的緣由來。面對詢問，劉備的情緒再一次宣洩而出：「**吾常身不離鞍，髀肉皆消。今不復騎，髀裡肉生。日月若馳，老將至矣，而功業不建，是以悲耳。**」

過去鞍馬征戰時，我大腿上根本沒時間長肉，但如今不再經常騎馬了，結果大腿上的肉全冒出來了。日月如白駒般飛馳輪轉，老年不知不覺就將到來，可是功業卻還沒有建立，您說能不讓人悲傷嗎？

劉備很明白，劉表無心殺他，可是這無所事事的歲月卻宛如一把鈍刀，在一天一天地割著他。這句髀肉之歎，既是一種真情的流露，也可以說是對劉表的一種哀怨：老兄，你就再給我一次「健身減肥」的機會吧！建安十二年（西元二〇七年），當劉備聽說曹操北征烏桓的消息後，便立即向劉表提出了襲擊許都的建議。

當時，劉備年近五十，對於寄人籬下的他來說，有些緊迫感完全可以理解，此時不搏何時搏？可是，對於年長他十九歲，早已坐擁荊楚、年近七旬的劉表來說，為了少長點肉而奔赴未知的遠方，著實沒有必要。如果真覺得有必要，十多年前劉表就上馬啟程了。可以想見，劉表又一次澆熄了劉備健身減肥的希望。

幾個月後，聽說曹操已經從塞外班師，劉表主動找來了劉備。帶著懊悔加抱歉的口吻，劉表說道：「**不用君言，故為失此大會。**」那時我沒聽你的，結果失去了這樣一個大機會。

這次，劉備沒有任何的不滿和抱怨，而是寬慰劉表說：「**今天下分裂，日尋干戈，事會之來，豈有終極乎？若能應之於後者，則此未足為恨也。**」現在天下分裂，每天都會起干戈，事情的變化和機遇的出現，怎麼會有盡頭呢？如果能把握住之後的機會，這次也沒什麼可遺憾的。

這下就奇怪了，都「失此大會」了，不出意外，曹軍下一個目標就是荊州了，劉備怎麼反而不著急了呢？

說來也簡單，因為此時的劉備早已對遠方的「大會」不抱任何希望了，而真正的「大會」說不定就在腳下的荊州。

隆中三分

發現了自己大腿上的贅肉之後，劉備就開始想辦法對抗飛馳的日月和將至的老年了。既然無法縱馬奔向遠方，那就騎馬到襄陽近郊走走吧。沒過多久，劉備就奔向了城西三十里的隆中。結果，劉備的隆中之行並不是一次，而是三次。

第一次，無果。

第二次，無果。

第三次，終於見到了那位想見的人——諸葛亮。

一個草廬中，面對眼前這位小自己二十歲的年輕人，劉備先開口了：「**漢室傾頹，奸臣竊命，主上蒙塵。孤不度德量力，欲信大義於天下，而智術淺短，遂用猖蹶，至於今日。然志猶未已，君謂計將安出？**」

劉備的話不算長，只有三句，但內容卻十分豐富。

第一句，說天下。從天下形勢來看，漢室朝廷每況愈下，奸臣賊子專權竊國，漢家天子蒙塵受罪，總之，已經到了最危急的時刻。

第二句，說自己。先說初心使命——就算我無德無能，也要為天下伸張大義；

再說短處弱項——我的硬傷就是智慧太淺薄、謀略太短視；最後說處境——結果搞得屢遭挫折，至今沒有起色。

應該說，劉備的這句話是相當客觀的。從幽州到青州，從青州到徐州，從徐州到豫州，從豫州到冀州，從冀州再到豫州，從豫州最後來到荊州，一路走來，劉備缺的不是志向，也不是勇武，更不是經驗，之所以屢戰屢敗，屢仆屢起，歸根到底缺的就是「智術」。如此看來，荊州的寄寓生活，讓劉備增加的不只是身上的贅肉，還有腦中的反思。

第三句，說需求。如今，即使飽嘗艱辛，我的志向依舊沒有放棄和改變，你覺得我應該怎麼辦呢？

很明顯，與最後一句相比，前兩句都是鋪墊，都是在告訴面前這位年輕人，不僅時勢需要你，我更需要你，並且，我是你值得輔佐的那個人。

既然劉備已經跑了三趟，如今也把話說到這個份上了，諸葛亮自然也沒有理由再虛與委蛇、拐彎抹角了。接下來，諸葛亮用一句「**自董卓已來，豪傑並起，跨州連郡者不可勝數**」開頭，連描述帶評論，對天下的豪傑以及他們手中的地盤，進行了全面分析。

先說曹操：「**曹操比於袁紹，則名微而眾寡，然操遂能克紹，以弱為強者，非惟天時，抑亦人謀也。今操已擁百萬之眾，挾天子而令諸侯，此誠不可與爭鋒。**」言下之意，曹操既擁有「挾天子而令諸侯」的政治優勢，又擁有「以弱為強」的智力資源，因此短時間內是沒辦法與他硬碰硬的。

再說孫權：「**孫權據有江東，已歷三世，國險而民附，賢能為之用，此可以為援而不可圖也。**」，孫權既有地理優勢，又有家族積澱，再加之上下同心，因此只能想辦法聯合，不能動吞併的心思。

說完曹操和孫權，按說諸葛亮該繼續點評劉表、劉璋、馬騰、韓遂等其他豪傑了。可是，接下來諸葛亮卻把重點從「人」轉到了「地」上。

先說荊州：「**荊州北據漢、沔，利盡南海，東連吳會，西通巴、蜀，此用武之國，而其主不能守，此殆天所以資將軍，將軍豈有意乎？**」一句話，荊州是個四通八達的好地方，但它的主人沒有本事保住它，這簡直就是老天爺專門留給你的呀！

再說益州：「**益州險塞，沃野千里，天府之土，高祖因之以成帝業。劉璋暗弱，張魯在北，民殷國富而不知存恤，智能之士思得明君。**」一句話，益州是個休養生息的好地方，劉璋內憂外患、不善治理，那裡現在也等著明君呢！

諸葛亮用四句話點評了四個人和四塊地盤，但表述方式及其所要傳達的意思卻明顯不同。

對於曹操，只說其人不說他占有的北方數州，因為說了也白說，哪個州你也獲得不了。

對於孫權，既說其人還要說其地，不僅要說他本人，而且要說他的家族，不僅要說他的「民」，還要說「民」中的精英——賢能之士；不僅要說其地，而且還要點出地的險峻。所有這一切，都是要告訴劉備，別看孫權年紀輕，別看江東地盤小，我們一樣惹不起；不過，惹不得我們卻用得著。

說到劉表和劉璋，具體表述方式就完全不一樣了。表述的主語從「人」轉向了「地」，一切看似無關緊要，實際上卻傳遞了一個至關重要的資訊：二劉無關緊要，而二州才至關重要。不過，即使二劉，諸葛亮也是區別對待的：對劉璋是直呼其名，而對劉表則稱之為「其主」。為什麼要這樣？因為，無論對劉備來說，還是對諸葛亮來說，劉表都或多或少對他們有收留之恩，身在人家的地盤上，多少要為尊者諱。

說完了別人的優劣，諸葛亮開始分析劉備了：「**將軍既帝室之胄，信義著於四海，總攬英雄，思賢如渴。**」別看只是一句話，諸葛亮卻一下子說出了劉備的四個優點：從身分上講，你是皇家後代；以名聲上講，你以信義著稱；再從氣質上講，你有招攬英雄的領袖魅力；最後從姿態上講，你一直保持渴求賢才的態度。

有了這四大優點，又能拿它們來做什麼呢？隨之，劉備最關心的「計將安出」的「計」也噴薄而出：「若跨有荊、益，保其岩阻，西和諸戎，南撫夷越，外結好孫權，內修政理；天下有變，則命一上將將荊州之軍以向宛、洛，將軍身率益州之眾出於秦川，百姓孰敢不簞食壺漿以迎將軍者乎？誠如是，則霸業可成，漢室可興矣。」

為了更好理解諸葛亮的這番話，這裡不妨略作分解。

戰略基礎：「跨有荊、益，保其岩阻」；

戰略方針：「西和諸戎，南撫夷越，外結好孫權，內修政理」；

戰略條件：「天下有變」；

戰略部署：「一上將將荊州之軍以向宛、洛，將軍身率益州之眾出於秦川」；

戰略目標：「霸業可成，漢室可興」。

看得出，這是一個頗為複雜卻相當有系統的戰略計畫。即使進一步簡化，這個大計畫也不是一句話能夠描述清楚的：首先，要奪取荊州和益州；其次，要與孫權結盟，兩小打一大；最後，要荊州、益州兩路並進，消滅曹操，復興漢室。這一切，對於一般的落魄者來說，似乎遙不可及，可是，對於「志猶未已」的劉備來說，一切似乎都遙遙在望。

聽完這些，劉備情不自禁地說出了一個字：「**善！**」太好了！

自比管樂

經過草廬之中的一番暢聊，劉備心中的大難題至少有解決方向了。

然而，夾雜在劉備和諸葛亮之間的一些基礎性問題沒有解決：要知道，當時劉備已經是年近五旬、名揚四海的英雄了，而諸葛亮則是個不滿而立、未出茅廬的年輕人，原本素不相識的兩人為什麼會迅速走到一起？諸葛亮的價值究竟何在？劉備這樣一個社會老手為什麼唯獨去找諸葛亮這個年輕菜鳥求計問策？諸葛亮這個年輕人又為什麼獨獨看中了劉備這個老英雄？

二十年後的建興五年（西元二二七年），已經身為蜀漢丞相的諸葛亮這樣來形容那時的自己：「**臣本布衣，躬耕於南陽，苟全性命於亂世，不求聞達於諸侯**」。

果真是這樣嗎？

劉備三顧茅廬發生在建安十二年（西元二〇七年），那時二十七歲的諸葛亮的確居住在南陽的鄉間，不管頻率和時間具體是多少，「躬耕」這樣的農事諸葛亮想必是幹過的，那時的他沒有任何職務，相較於州郡官吏，說自己是「布衣」也沒毛病。諸葛亮原本是兗州琅琊（音同郎爺）陽都（今山東沂南縣）人，早年為了躲避中原戰亂，他與哥哥、姐姐、弟弟一起跟隨叔父諸葛玄來到了荊州。叔父去世後他隱居於隆中，也算是「**苟全性命於亂世**」。

不過，要是由此就認為諸葛亮是一個純粹的務農布衣的話，那也與事實不符。實際上，諸葛亮出身於世代官宦的琅琊諸葛氏家族，他的先祖諸葛豐，在前漢元帝時做過司隸校尉，他的父親諸葛珪（音同歸）在後漢末年做過泰山郡丞，而他的叔父諸葛玄則被袁術任命為豫章太守。

不僅出身不俗，從社會關係上看，諸葛亮也不像一個布衣。他的叔父諸葛玄與劉表交情頗深，因此才在去世前將諸葛亮兄弟託付給了劉表。諸葛亮的大姐嫁給了蒯氏家族的蒯祺，他的二姐嫁給了荊州另一豪族龐氏家族的龐山民，諸葛亮自己則娶了荊襄名士黃承彥的女兒，而黃承彥的妻子，也就是諸葛亮的岳母，與劉表的後妻蔡氏是親姐妹。如此看來，諸葛亮不僅與劉表有聯繫，而且與荊襄的幾個大族都有關係，這能算是一個純粹的布衣嗎？

除了布衣的身分是諸葛亮自謙之外，那句「不求聞達於諸侯」也值得推敲。從諸葛亮隱居隆中這一行為來看，他當時的確沒有刻意去謀求「聞達於諸侯」，至少沒有追求聞達於劉表。這一點，從他不甚與蒯、蔡兩家交往，而是沒隔幾天便往龐德公家跑這點就可以看得出來。

但是，如果因此斷定諸葛亮完全「不求聞達於諸侯」，那也未必，這一點從他的生活起居、日常交往以及言談舉止中可以略窺一二。

據載，青年諸葛亮有一個生活習慣：每天早晚他都要「**抱膝長嘯**」。「抱膝」就是雙腿屈於胸前，兩手抱於膝部；「長嘯」就是長聲吟嘯。諸葛亮的這個習慣，可能是鍛鍊身體的一種方式，更大可能則是在抒發心懷。為什麼這樣說呢？因為他最常「長嘯」的，就是家鄉的那首《梁父吟》。

《梁父吟》是一首悲切淒苦、如泣如訴的輓歌，講的是春秋時期齊國國相晏嬰，利用兩個桃子離間公孫接、田開疆、古冶子三位勇士，使得他們自刎身亡的故事，這段故事就是歷史上著名的「二桃殺三士」。諸葛亮為什麼唯獨鍾愛一首輓歌呢？

是思念家鄉嗎？是讚歎晏嬰嗎？是惋惜三位勇士嗎？總之，沒那麼簡單。

不僅生活習慣特殊，讀書方式也不尋常。那時候，與諸葛亮交往比較密切的有潁川人石韜（音同掏）和徐庶（音同述）、汝南人孟建，其他三人讀書都反覆吟誦、「**務於精熟**」，而諸葛亮卻不刻意記誦，而只是「**觀其大略**」，似乎總是那樣漫不經心。

生活中「抱膝長嘯」，讀書時「觀其大略」，但是談起志向來，諸葛亮卻自視甚高。有一次，諸葛亮對自己的三位好友說：「**卿三人仕進可至刺史郡守也。**」既然我們做官都會做到刺史郡守，那你諸葛亮呢？預測一下自己吧。可是，一碰到關於自己的問題，諸葛亮卻「**笑而不言**」，賣起了關子。

其實，對於這個問題，諸葛亮不是不答，而是在其他場合已經多次給出了答案。因為據《三國志》記載，諸葛亮「**每自比於管仲、樂毅**」，他經常把自己比作春秋時的名相管仲和戰國時的名將樂毅。

管仲？樂毅？他們一個是幫助齊桓公成就霸業的齊國名相，一個是幫助燕昭王消滅齊國的燕國名將，這兩人怎麼被放到一起，成為諸葛亮的榜樣人物了？能夠成為其中的一人就已經是了不起的成就了，難道還要成為他們倆？

確實，諸葛亮就是要成為他們倆，他要的不是「出將」或「入相」，而是「出將」加「入相」。換句話說，他既要作為智囊，利用高瞻遠矚的戰略，幫助自己的主公成就霸業；也要作為將帥，採取波詭雲譎的戰術，幫助自己的主公戰勝強敵。

如此之高的個人期許，在當時天下紛爭的情況下，能實現嗎？

這個問題不需要已經知道答案的今人來回答，時人已經給出了答案：「**莫之許也**。」當時聽到的人只有一個反應：你在吹牛吧，怎麼可能？

是呀！你倒說說，可能性在哪裡？

而這個可能性就在劉備身上！這一點，諸葛亮想必已經反覆比較選擇過了。

遍覽漢末群雄，此時一枝獨秀的就是曹操了，經過接近二十年的搏殺，他實現對北方的統一已經毫無懸念，剩下的就是消滅荊州的劉表、江東的孫權、關中的馬騰、益州的劉璋，然後一統天下了。這時候，諸葛亮去投奔曹操，有機會實現「比於管仲、樂毅」的理想嗎？可以說，基本沒戲。

管仲、樂毅都是在自己的老闆最需要幫助的時候，來到他們身邊的，此時的曹操需要幫助嗎？當然需要，只要沒有達成統一天下就需要。但此時是最需要的時候嗎？當然不是，曹操早已度過了最艱難的時刻，他的戰略藍圖早已繪就，他的戰略目標正在逐步實現，一切似乎只是時間問題。這時，諸葛亮如果幫助曹操「跨有荊、益」，有功勞嗎？有！但論功勞可以「比於管仲、樂毅」嗎？不可以！曹操身邊的荀彧、郭嘉、荀攸、程昱，哪個不是幫助曹操戰勝強敵、占州據郡的人物？別說「跨有荊、益」了，就算你幫曹操把關中和江東都拿下來，那也只算三個半州，能比得上袁紹之前的冀、幽、青、并那四個大州嗎？

這樣看來曹操那邊是沒戲了，那孫權這邊呢？

正如諸葛亮在「隆中對」中所說，孫權別看他擁有的地盤不大，但卻有著「國險」的地理優勢以及「民附」的社會基礎。如此看來，「已歷三世」的孫家守住江東問題不大，可是讓他軍向宛洛呢？這恐怕有些勉強了，無論從軍事實力還是從人口經濟規模來說，江東與中原都不在一個量級上。再退一步說，就算諸葛亮願意投奔孫權，已經「賢能為之用」的孫權能夠重用諸葛亮嗎？可以說，基本不可能。

要知道，江東當時不僅有托孤輔政、「**待遇尤重**」的張昭，還有「**與長史張昭共掌眾事**」、被孫權「**兄事之**」的周瑜，更有「**合榻對飲**」、「**益貴重之**」的魯肅。第一個是可以換掉孫權的人，第二個是孫權當哥哥對待的人，第三個是與孫權無話不談的人，在他們的關係中還有多大的空間能容納諸葛亮？再說了，除了以上這三位，孫權的身邊還有一位「**與魯肅等並見賓待**」的人物，那就是諸葛亮的親哥哥——諸葛瑾，難道讓諸葛亮去與哥哥爭高下嗎？

當然，諸葛亮沒有選擇曹操和孫權還有一個路線問題。這一點從「比於管仲、樂毅」這一行為上同樣可以看出端倪。

單從功名業績上看，諸葛亮要成為的人似乎與漢初的「開國三傑」張良、蕭何、韓信頗為相像，漢高祖劉邦曾說：

「**夫運籌策帷帳之中，決勝於千里之外，吾不如子房。鎮國家，撫百姓，給饋餉，不絕糧道，吾不如蕭何。連百萬之軍，戰必勝，攻必取，吾不如韓信。此三者，皆人傑也，吾能用之，此吾所以取天下也。**」

可是，諸葛亮為什麼只說自己要成為管、樂，而不說自己要成為蕭、韓呢？一個重要原因就是：時代不同。

張良、蕭何、韓信幫助劉邦實現的是推翻秦朝的現有統治，而管仲幫助齊桓公實現的則是「尊王攘夷」，換句話說，就是周朝榮光的再次復興；與此相類似，樂毅幫助燕昭王實現的，也是燕國以弱勝強後的再次復興。

蕭、韓是改天換地，無論做什麼、怎麼做，他們和自己主公的目標都是推翻天子；然而管、樂是舊邦中興，同樣是無論做什麼、怎麼做，但他們和自己主公的上面都還有一個天子。

這下我們就可以明白了：榜樣人物不同，道路選擇也就不同。

一旦明白了這一點，「挾天子以令諸侯」的曹操和「建號帝王以圖天下」的孫權都更不可能列入諸葛亮的選項了。這樣一來，就只剩下具有漢室宗親身分的劉備、劉表、劉璋這些選項了。可是，劉表十多年來「擁十萬之眾，安坐而觀望」，劉璋連家門口的張魯都搞不定，這兩位維持內部穩定、守住固有地盤都有困難，哪裡還有可能招賢用良，讓諸葛亮這個菜鳥去發揮和施展？

如此一來，就只剩下劉備了。可是，劉備真的具有齊桓公、燕昭王那樣的雄心和氣魄嗎？真的能讓諸葛亮實現「比於管樂」的理想嗎？

考察劉備數十年的創業生涯，他從「販履織蓆」的社會底層起步，不僅用十年時間躍升成為徐州之主，而且因「**弘毅寬厚，知人待士**」而贏得了諸侯的尊重和士人的推崇，曹操說「**今天下英雄，唯使君與操耳**」，袁紹說「**劉玄德弘雅有信義**」，陶謙說「**非劉備不能安此州也**」，程昱說「**劉備有雄才而甚得眾心，終不為人下**」，陳登說「**雄姿傑出，有王霸之略，吾敬劉玄德**」……這些還不夠嗎？

然而，這一切還不夠，諸葛亮「比於管樂」的還有一項指標。

管仲原本是輔佐齊僖公的兒子公子糾的，為了幫助公子糾成為齊王，管仲甚至用箭射傷了公子小白，也就是未來的齊桓公。不過，小白在當上齊王後，非但沒有報復管仲，反而在自己的心腹重臣鮑叔牙的建議下，「**厚禮以為大夫**」，放手任用管仲。與此相似，原本是魏國使臣的樂毅，也是在燕昭王「**以客禮待之**」並「**以為亞卿**」的情況下，才甘心為燕國效力的。既然「比於管樂」，諸葛亮自然也希望如管仲、樂毅一般，得到明主的主動延請和隆厚禮遇。

想要建立「管仲樂毅二合一」那樣的功勛，幫助主公以弱勝強、復興漢室，需要潛在的主公主動延請自己——「比於管樂」的三大指標中，任何一條似乎都是天方夜譚。即使諸葛亮有經天緯地之才、匡時濟世之略，又怎麼能夠確保心儀的明主，主動降低身段來尋找或請求自己呢？當年，管仲有好友鮑叔牙力薦，而樂毅在出使燕國之前，就已經在趙國和魏國嶄露頭角，你諸葛亮又憑什麼吸引明主呢？

沒錯，僅僅這「比於管樂」的最後一項指標，就能把絕大多數濟世之才擋在門外，因為門檻實在太高了！然而，越是別人覺得不可能的事，諸葛亮就越有信心實現它。沒多久，劉備耳中就灌滿了有關諸葛亮的消息。

首先向劉備推薦諸葛亮的人是徐庶。雖然時人都對諸葛亮「比於管樂」的自我期許嗤之以鼻，但徐庶等幾位好友卻「**謂為信然**」，深信不疑。並且，徐庶的「信然」，不僅體現在口頭上，也體現在行動上。

大約是在劉備屯駐在新野的時候，徐庶進入劉備的營帳，成為了劉備身邊的幕僚。經過一段時間，在得到劉備的器重後，徐庶對劉備說了這樣一句話：「**諸葛孔明者，臥龍也，將軍豈願見之乎？**」，有個叫諸葛孔明的人，就是人們稱之為臥龍的那個人，將軍是否願意與他相見？

聽了徐庶的這番推薦，劉備高興地說：「**君與俱來。**」你帶他過來吧。

很明顯，劉備對於徐庶的話還是很重視的，認為徐庶推薦的人必定不會錯，不然不會如此爽快地答應要見諸葛亮。

然而，徐庶接下來的一句話卻著實讓劉備有些吃驚：「**此人可就見，不可屈致也。將軍宜枉駕顧之。**」，這個人只可以您屈尊去見他，不可以讓他屈節來見您，您還是屈駕去他那吧！

這下，劉備好奇了：這個諸葛亮究竟是什麼樣的非凡人物？

沒多久，劉備又從「水鏡先生」司馬徽口中聽到了諸葛亮這個名字。有一次，劉備徵詢司馬徽對於世事的觀點和看法，沒想到司馬徽冒出了這麼一句：「**儒生俗士，豈識時務？識時務者在乎俊傑。**」一般的讀書人和見識淺陋的人怎麼能認清天下大勢呢？能認清天下形勢、瞭解時代潮流者，才是傑出人物。

劉備心想，我問你世事和時務，你卻給我聊起了識時務的俊傑，這是不是有點偏題了？也行，偏題就偏題吧，你如果能給我推薦幾個識時務的俊傑當然更好了。那麼，誰是俊傑呢？

實際上，還沒等劉備開口，司馬徽就說出了答案：「**此間自有伏龍、鳳雛。**」

那麼，誰又是伏龍、鳳雛呢？劉備不禁開口問道。

看到劉備有了興趣，司馬徽揭曉了謎底：「**諸葛孔明、龐士元也。**」諸葛亮就是那條潛伏著的蛟龍，而龐統則是那隻尚年幼的鳳凰。

臥龍＝伏龍＝諸葛亮＝識時務者。

這下，劉備著急了，忙不迭地跑到了隆中。

如魚得水

有了諸葛亮，也有了與諸葛亮的那次草廬對話，劉備的人生變得豁然開朗，一幅美麗新願景展示在他的面前。這種感覺我們難以形容，但劉備自己卻有恰當的比喻：如魚得水。

看到劉備與諸葛亮「**情好日密**」，常年追隨劉備並在此之前享受「**寢則同床，恩若兄弟**」這一超規格待遇的關羽、張飛有點不樂意了，憑什麼諸葛亮能夠後來居上？

面對兩位兄弟的不悅，劉備說了這樣一句話：「**孤之有孔明，猶魚之有水也。願諸君勿復言。**」我有了孔明，就像魚兒有了水，希望你們不要再說什麼了。

這下子，關羽、張飛再也不敢有怨言了。

如《莊子．大宗師》所說，「**泉涸，魚相與處於陸，相呴以濕，相濡以沫，不如相忘於江湖**」。在諸葛亮加盟之前，劉備和他手下的關羽、張飛這幫兄弟，宛如處於陸地上的魚兒，只能用口中的唾沫互相濕潤，為了一城一地而捨生忘死，為了眼前危難而奮不顧身，再如此下去就只能相忘於江湖了。

可是，一旦有了諸葛亮，劉備這條大魚猶如回到了大江大河，人生不再只有眼前的苟且，還有詩意的未來和遠方的天下。從相濡以沫到如魚得水，格局當然大不同，而劉備自然要在諸葛亮這汪洋大海裡盡情暢遊了。

劉備這條大魚離不開諸葛亮這汪大水，可是一旦諸葛亮從鄉野的隆中來到熙攘的襄陽，希望在這汪洋大海中找到方向和自由的，就不只劉備這一條魚了。實際上，劉表的長子劉琦「**亦深器亮**」，在家族競爭中倍感壓力的他，時不時地就去向諸葛亮求助，希望其能給自己謀劃一個「**自安之術**」。

對此，諸葛亮雖然沒有像對待劉備那樣「**三顧乃見**」，但每次見面都予以「**拒塞**」，始終沒有給劉琦指出一條明路。就這樣，延宕之下，情急之中，我們看到了本章開頭「上樓去梯」的那一幕。

說來，對於劉琦的請求，諸葛亮也有些為難。首先，這是劉表的家事，外人不便置喙；其次，從親疏關係講，自己是蔡氏的外甥女婿，應該幫著蔡氏支持劉琮才對；再說，如果被其他人知道自己幫了劉琦，恐怕對劉備也會有所不利。於公於私，都少說為妙。於是，諸葛亮只能在劉琦的持續請求中持續搪塞盤旋，為難的繼續為難，著急的繼續著急。

可是，如今看到劉琦如此煞有介事、煞費苦心地使出「上樓去梯」這一招，諸葛亮已經無法再「拒塞」了，再「拒塞」的話，不僅樓不好下，甚至連朋友都沒得做了。於是，諸葛亮說出了這樣一句話：「**君不見申生在內而危，重耳居外而安乎？**」

你難道沒有看到申生在國內而面臨危險、重耳居國外而得到安全的故事嗎？

一句話點醒局中人。春秋時期，晉獻公的寵妃驪姬想謀害獻公的兩個兒子：申生和重耳。申生留在了國內，雖然萬般小心，還是被驪姬陷害，最終自刎身亡；而重耳逃到了別國，雖然歷盡艱辛，最終卻回國即位，成為春秋五霸之一的晉文公。既然內危外安，為什麼不離開這個是非之地呢？實際上，此時正有一個「居外」的好去處：江夏太守黃祖被孫權攻殺，荊州的東大門一時洞開，為什麼不主動請求前往江夏呢？於是，經過一番謀劃，劉琦這條魚兒順漢水而下，成了江夏太守。

據史書記載，劉表的兩個兒子都是庸庸碌碌的無能之輩，後來還被曹操譏笑為「**豚犬**」，也就是豬和狗。但是，從「上樓去梯」這一舉動來看，至少劉琦不是一個完全沒腦子的人。面臨困境，他持續尋求脫困，面對拒絕，他努力創造機會，即使是「豚犬」，也是隻聰明的「豚犬」。

那麼，話又說回來了，劉琦不傻，諸葛亮就傻嗎？他怎麼會乖乖地跟著劉琦「上樓」，又任憑劉琦「去梯」呢？以諸葛亮的智慧，既然能給劉琦出「內危外安」的建議，不會想不到「樓內危、樓外安」和「樓下安、樓上危」的可能性吧？

如果我們不懷疑諸葛亮的智商，那麼就只能得出一個結論：諸葛亮也想上樓。

而為什麼諸葛亮也想上樓呢？

環顧當時的形勢，荊州外有強敵壓境，內有派系紛爭，有人擁戴劉琮，有人擁戴劉琦，有人傾向堅守，有人傾向降曹，風雨飄搖之中，諸葛亮需要幫劉備找到最可靠的盟友，建立自己的同盟軍。相比之下，在繼嗣之爭中處於劣勢的劉琦，就成為劉備集團拉攏和爭取的對象。

可是，這個同盟者的可信度如何？這個同盟者的價值何在？這都是需要檢驗的問題。如果劉琦只是病急亂投醫，根本沒有拿準主意，如果劉琦只是孤身一人，根本沒有任何資源和依託，那這個同盟者就是一個可有可無的存在。

對於上面的問題，諸葛亮自然胸有成竹，看出所缺的只是一種情勢。然而又是什麼樣的情勢？一個讓劉琦足夠焦慮的情勢，一個可以無話不談的情勢，一個有利於劉琦出走的情勢，一個有利於劉備布局落子的情勢。

一年前，同樣是一位劉姓的中年人，同樣為自己的安危出路而焦慮，同樣千方百計、千辛萬苦地來向自己求計問策，而自己同樣從容自若、舉重若輕地為他指出了一條明路，甚至描繪了一個美麗新世界。如今，劉備換成了劉琦，茅廬換成了高樓，三顧變成了去梯，但「**跳出一隅謀全域**」的方法和思路沒有變，一切都是那麼熟悉。

隨著劉琦的出走，劉備在荊州的處境也發生了變化：其一，劉備集團成功地從劉表集團中分化出了劉琦這支重要力量，有了一個可靠的盟友。其二，隨著劉琦成為江夏太守，劉備這隻「兔子」有了一個新的棲身之所，日後劉備也的確啟用了這個備用「巢窟」。其三，隨著劉表集團的裂變，荊州的未來也增加了新的變數，劉琦雖然暫時放棄了荊州的繼承權，但他始終是一位備位者和實力派，日後劉備也絕不會將劉琦這一重要政治資產閒置浪費。

如此說來，幫劉琦就是幫自己——你有樓我能不上嗎？說不定，就算你沒有樓，我也會引導你去造一座樓出來呢！

第四章　許都

事業昌基於此，卻又為何汗流浹背？

回到曹操這邊，既然一開春就在玄武池訓練起了水軍，那南征荊州一定被提到日程上了，可是沒想到，曹司空卻在鄴城搞起了基礎建設。

按理說，既然鄴城的建設已經如火如荼地鋪展開來，差不多就該南征了吧？可是沒想到，曹司空又陸續在許都搞出了一系列令人眼花繚亂的舉動：正月，免去了司徒趙溫的職務；二月，命令張遼、于禁、樂進屯駐於許都周邊；五月，處死了名醫華佗；六月，撤除了三公職位，恢復了丞相、御史大夫的設置，並自任丞相。直到七月，南征劉表。

再說了，既然已經出兵南下，曹丞相就該集中精力消滅劉表了吧？可是沒想到的是，他一隻眼睛看向前方的同時，另一隻眼睛卻始終沒有離開許都：八月二十四日，曹操把不知名的郗（音同嗤）慮任命為御史大夫；八月二十九日，海內知名的孔融被曹操公開處決；九月，曹操頒布教令，專門解釋了處決孔融的原因。

如果說，十多年前許都作為曹操安身立命的大本營，必須高度重視的話，當時光走到建安十三年，曹操已經有了鄴城這一個更為穩固的巢穴，和一統天下這一項更為重要的任務時，許都還那麼重要嗎？身在鄴城時，心思牽掛的為什麼還有許都？眼睛盯住劉表時，餘光掃向的為什麼還是許都？

天下糧倉

回顧曹操從中平六年（西元一八九年）以來二十年的創業歷程，正如曹操的兒子曹丕在日後登基稱帝時所說，「**漢亡於許，魏業基昌於許**」，無論從經濟、政治、人才、軍事任何一個角度講，許都都是曹操事業騰飛的起點。

建安元年（西元一九六年），在兗州站穩腳跟的曹操將兵鋒指向了豫州，先是在正月拿下了位於兗、豫交界處袁術控制下的陳國，緊接著在二月拿下了潁川郡的治所許縣，並在那裡收降了何儀、劉辟（音同闢）、黃邵率領的數萬黃巾軍。

以上戰果，如果與初平二年（西元一九一年）曹操入主兗州，打敗青州黃巾軍，「**受降卒三十餘萬，男女百餘萬口**」的成果相比，自然算不上什麼大勝利。同時，相對於自己經營多年的兗州，頻遭戰火的豫州也顯得更為落寞和凋敝。然而，出人意料的是，剛取得許縣不久，曹操就把自己的大本營從兗州的鄄城遷到了這裡。此後二十五年，曹操的起落沉浮都緊密地與這個地方連在了一起。

為什麼會如此選擇？許縣的價值何在？

首先，在許縣，曹操解決了一個深深困擾自己的大問題。

《三國志．魏書．武帝紀》注引的《魏書》中，記載了當時諸侯面臨的一個普遍困境：「**自遭荒亂，率乏糧穀。諸軍並起，無終歲之計，飢則寇略，飽則棄餘，瓦解流離，無敵自破者不可勝數。袁紹之在河北，軍人仰食桑椹。袁術在江、淮，取給蒲蠃。民人相食，州里蕭條。**」

意即，在當時缺糧是個普遍現象，袁紹的人馬餓極了，把桑葚拿來當主食，袁術的軍隊沒辦法時只能靠河蚌、蛤蜊充飢，無論是大諸侯還是小豪強，大家都過著有上頓沒下頓的日子，有的豪強甚至根本沒被別人攻打，自己就因為饑荒而潰散了，各州人吃人的現象也不鮮見。

與其他諸侯類似，肚子餓的問題也一直困擾著曹操。興平元年（西元一九四年），因為糧食奇缺，「**穀一斛五十餘萬錢，人相食**」，曹操無奈之下把新招募來的官吏和士兵又給遣散了。

有一次為了解決曹軍的「**乏食**」問題，在後方負有保障任務的壽張縣縣令程昱，竟然在供應的糧食中摻進了「人肉乾」（**頗雜以人脯**）。據說，因為這件事，程昱惡名昭彰，至死也沒有做到公卿之位。

糧食影響個人名聲，更影響戰事成敗。初平四年（西元一九三年）秋，因為父親曹嵩被徐州牧陶謙的部下劫殺，「志在復仇」的曹操發動了對徐州的第一次進攻。戰事一開始進行得很順利，曹操不僅「**攻拔十餘城**」，而且一直殺到了徐州的首府彭城，趕跑了陶謙，攪得徐州百姓「**死者萬數，泗水為之不流**」。不過，眼看就要徹底打敗陶謙的時候，曹操卻率軍匆匆返回了兗州。為什麼？

兩個字：「**糧少！**」

第二年四月，曹操又發動了第二次東征。這一次，同樣進展順利，沒多久就「**略定琅邪、東海諸縣**」。不過，這一次曹操同樣被迫撤了軍。

這次倒不是因為軍糧斷供了，而是由於當初把自己迎入兗州的陳宮，趁自己東征之際，聯合陳留太守張邈（音同秒）把呂布迎入了兗州，搞得曹操在偌大的兗州只剩下鄄城等三個城池賴以翻盤了，真是成也陳宮、敗也陳宮啊！

問題出在陳宮身上，但想要真正把問題解決，卻同樣離不開糧食。興平元年（西元一九四年）冬，一聽說陶謙病亡的消息，還沒完全將呂布、張邈趕出兗州的曹操，就迫不及待地要第三次東征徐州了。

眼見主公又想著兩線作戰，一旁的荀彧有些坐不住了，立刻進行了勸諫。

首先，荀彧用漢高祖確保關中、漢光武帝據守河內的例子，向曹操講明鞏固戰略根據地的重要性：「**昔高祖保關中，光武據河內，皆深根固本以制天下，進足以勝敵，退足以堅守，故雖有困敗而終濟大業。**」用一句話講明，只有坐擁穩固的根據地，才能進退自如，才能在不如意的時候療傷止痛。

而對曹操來說，兗州就是需要確保的戰略根據地：「**將軍本以兗州首事，平山東之難，百姓無不歸心悅服。且河、濟，天下之要地也，今雖殘壞，猶易以自保，是亦將軍之關中、河內也，不可以不先定。**」

接著，荀彧向曹操提出了消滅呂布的現實路徑：「**今以破李封、薛蘭，若分兵東擊陳宮，宮必不敢西顧，以其閒勒兵收熟麥，約食畜穀，一舉而布可破也。破布，然後南結揚州，共討袁術，以臨淮、泗。**」，在擊破呂布部將李封、薛蘭的基礎上，再對呂布、陳宮分而治之，各個擊破。

然後，荀彧請曹操思考「舍布而東」可能產生的嚴重後果：「**若舍布而東，多留兵則不足用，少留兵則民皆保城，不得樵采。布乘虛寇暴，民心益危，唯鄄城、范、**

衛可全，其餘非己之有，是無兗州也。若徐州不定，將軍當安所歸乎？」

進而，荀彧向曹操指出了奪取徐州的現實難度：「**且陶謙雖死，徐州未易亡也。彼懲往年之敗，將懼而結親，相為表裡。今東方皆以收麥，必堅壁清野以待將軍。將軍攻之不拔，略之無獲，不出十日，則十萬之眾未戰而自困耳。前討徐州，威罰實行，其子弟念父兄之恥，必人自為守，無降心，就能破之，尚不可有也。**」

最後，從大與小、安與危、勢與本三個方面，荀彧說明了自己權衡此事的原則及其中的結論：「**夫事固有棄此取彼者，以大易小可也，以安易危可也，權一時之勢，不患本之不固可也。今三者莫利，願將軍熟慮之。**」

粗略來看，荀彧提出的觀點和理由似乎與糧食沒多大關係，但仔細分析，哪一條卻都離不開後勤軍需。

首先，漢高祖劉邦、漢光武帝劉秀「深根固本以制天下」的根本是什麼？說白了，不就是劉邦在日後總結蕭何功勞時所說的「鎮國家，撫百姓，給糧餉，不絕糧道」嘛！

其次，「一舉而布可破」的具體方式是什麼？說白了，不就是利用敵人顧此失彼的時候，收割交戰區已經成熟的麥子（勒兵收熟麥），然後節約糧食，積蓄穀物（約食畜穀），把敵人拖垮嘛！

第三，為什麼不能「舍布而東」呢？說白了，就是擔心一旦兩線作戰，自己會陷入首尾難顧的困境，到了那時，連百姓都無法割草拾柴了（不得樵采），即使不會重蹈後院起火的覆轍，「**糧少引軍還**」這一情況恐怕也會大概率重現。

第四，為什麼徐州很可能「攻之不拔」呢？說白了，其中一個致命問題，不就是擔心敵人「堅壁清野」、自身「略之無獲」嘛！

說一千，道一萬，糧食未必是萬能的，但沒有糧食卻是萬萬不能的。正因為明白了這個道理，曹操不僅在興平元年沒有藉陶謙病亡的機會去進攻徐州，就算在興平二年（西元一九五年）冬天自己徹底驅趕了呂布、消滅了張邈後，也沒有急著去東征徐州，而是把重點朝向了反方向的豫州。

相較於劉備和呂布先後盤踞的徐州，何儀等黃巾軍占據的潁川郡無疑更好攻取。除此之外，潁川郡的地理環境也是曹操考慮的一個重要因素。

潁川郡大致包括今天的許昌市、平頂山市、漯（音同落）河市等河南中部地區，其北臨黃河，南通江、漢，東達淮、泗，西控虎牢，可以說是整個中原的核心地帶。

同時，這裡地勢平坦，土地肥沃，境內又有潁河、濮水、淯（音同育）水、汝水等水系遍布其間，耕作、灌溉、通航都十分便利。正如清朝歷史地理學家顧祖禹在《讀史方輿紀要》中所說，「**河南，古所謂四戰之地也，當取天下之日，河南在所必爭**」；「**自天下而言河南為適中之地，自河南而言許州又適中之地也……許亦形勝之區矣。豈惟土田沃衍，人民殷阜，足稱地利乎？**」

實際上，早在創業之初，曹操的好友鮑信就曾向他提出過「**規大河之南，以待其變**」的「河南策」，建議他先占據黃河以南的中原地帶，靜待時機。如今曹操已經在大河以南的兗州站穩了腳跟，有什麼理由不進軍天下之中的豫州呢？於是，在收服兗州之後，曹操出人意料地掉轉方向，殺向了豫州。

當然，對於豫州特別是許縣周邊的經濟價值，曹操也是了然於胸。因此，剛一擊破黃巾軍，曹操就在潁川陽翟人棗祗（音同之）等人的建議下，頒布了一道教令：「**夫定國之術，在於強兵足食，秦人以急農兼天下，孝武以屯田定西域，此先代之良式也。**」

這份被後世稱為《屯田令》的政策檔，所要表達的意思十分明確：經濟實力決定軍事戰力，要想平定天下，先得強兵足食，要想強兵足食，必須屯田興農。

不久，棗祇被任命為屯田校尉，河南郡中牟人任峻被任命為典農中郎將，一場以許縣為中心的屯田運動由此展開。

應該說屯田並不是曹操前無古人的創舉，漢武帝時期曾經在西域施行過，曹操的對手陶謙在徐州境內也推行過，但是，曹操卻把它做到了前所未有的程度。

歸納起來，曹操的做法主要有三條。

其一，專業化。術業有專攻，無論是成就霸王之業，還是達成定國之術，都要足夠專業、專心、專注。以往的屯田主要是軍屯，士兵一邊打仗一邊屯田，平戰結合。這一做法在邊境地區沒問題，但在混戰的中原地帶卻成為很大的問題，仗打到哪田屯到哪，但往往田還沒屯好，仗就開打了。曹操的做法是大規模民屯，他把許縣附近大量的無主荒地統計造冊，然後交給招降的黃巾軍家屬和地方流民進行耕種，讓打仗的人安心打仗，種田的人安心種田，使專業的人幹專業的事。同時，曹操還設置了管理屯田的專門機構和職官。除了在許縣周邊設置屯田都尉和典農中郎將，後來在曹操控制下的各州郡都專門設置了田官，屯田事務逐漸形成了一個獨立的專業管理體系。

其二，分成制。在收益分配方面，以前的辦法是「**計牛輸穀**」，也就是農民按照租用官府的耕牛數目，定額繳納糧食。表面看，這樣做旱澇保收，但實際操作起來卻存在一個很大的弊端：豐年，官府不能因豐產而多得；歉年，官府必然因拖欠而少收。為此，曹操採納棗祗的建議，採用「**分田之術**」，按收穫量與農民進行五五分成，風險共擔，收益共用。結果，建安元年（西元一九六年）剛剛實施大規模屯田，就獲得了大豐收，「**得穀百萬斛**」。

其三，長期性。從建安元年開始，屯田貫穿了曹操的一生和曹魏政權的始終，不過隨著天下三分，社會日趨安定，戰事日趨減少，租佃式的民屯逐漸被廢止，邊境軍屯逐漸成為屯田的主要形式。

英雄不只一面，如果說四方征戰展現了曹操「亂世奸雄」的一面，那麼墾荒屯田則展現了他「治世能臣」的一面。經過數年屯田，曹操控制的地區出現了「**天下倉廩充實，百姓殷足**」的景象，也讓曹操「**征伐四方，無運糧之勞**」，從而為降張繡、擒呂布、滅袁術打下了堅實的物質基礎，越來越接近「**摧滅群逆，克定天下，以隆王室**」的目標。

天子駕臨

在許縣，曹操剛找到了解決經濟問題的辦法，另一個需要他和許縣承擔的政治使命就不期而至了。

興平二年（西元一九五年）七月，由於李傕、郭汜反目成仇、相互攻殺，漢獻帝的車駕離開了險象環生的長安，踏上了東歸洛陽的路途。聞知這一消息後，曹操立刻派遣揚武中郎將曹洪率兵向西迎接。

曹操之所以反應如此迅速，源自幾年來深埋於心中的一個大想法。

初平三年（西元一九二年），入主兗州沒多久，一個叫毛玠的陳留人就被曹操延攬到了帳中。相對於其他謀士對曹操在攻城掠地方面所作的謀劃，毛玠的智力貢獻不僅數量少得可憐，而且實現起來也並非一朝一夕之功。

對於曹氏集團的生存與發展，毛玠只有兩條建議：

第一條：「**奉天子以令不臣**」，要利用迎奉天子來占領道義高地，取得政治優勢。

第二條：「**修耕植以蓄軍資**」，要透過發展生產來集聚經濟資源，取得軍事優勢。

對於毛玠的第二條建議，曹操用許下屯田給出了一個完美的答案，而對於第一條建議，曹操雖然籌謀已久，卻始終進展不大。

實際上，早在幾年前，也就是毛玠提出建議沒多久，曹操就向長安派出了自己的心腹使者王必，目的就是想與天子建立聯繫，以此摸索達到「奉天子以令不臣」的現實路徑。然而，王必剛出兗州，就被河內太守張楊給扣住了，要不是張楊身邊的謀士董昭力勸他結好曹操，王必恐怕只有老死在河內或打道回府的份了。

後來，王必好不容易到達了長安，卻被李傕、郭汜懷疑曹操沒誠意，要不是黃門侍郎鍾繇出來勸諫，建議他們別挫傷了曹操的積極性，王必恐怕又要被扣留了。

如此一波三折、緊趕慢磨，曹操終於在興平二年十月，也就是漢獻帝離開長安的前夕，從朝廷那裡得到了兗州牧的任命。如今，朝廷正式任命的兗州牧曹操，派人馬西迎天子，完全合理合法，任誰也挑不出毛病。

然而，曹操的這一正當舉動，卻遭到了衛將軍董承與袁術部將萇（音同常）奴的阻擋，他們憑藉險要地形硬生生攔住了曹操的「好意」。

這邊，曹操被拒之門外；那邊，一群小軍閥卻蜂擁般吮吸著天子的殘餘價值。

作為護送天子擺脫李傕、郭汜控制的功臣，楊奉先被拜為興義將軍，後又被拜為車騎將軍；將女兒嫁給天子的董承，先被拜為安集將軍，後又被拜為衛將軍；河內太守張楊因為及時供應糧餉等功勞被拜為大司馬；就連作為黃巾軍分支的白波軍首領韓暹（音同先）、胡才等人，也因中途救駕有功，分別被拜為大將軍和征東將軍……一路上，「**壘壁群帥競求拜職**」，誰都想從朝廷這口鍋裡舀上一勺，最密集的時候，甚至連官印都來不及刻，只能拿個鐵錐草草刻上官職來對付。就這樣，漢獻帝走了一路，官帽子也送了一路，一幫君臣終於跌跌撞撞地回到了故都洛陽。

漢獻帝回來了，就在距離許縣幾百里的洛陽，相比於之前的遙遙千里，「奉天子」的機會無疑更大了。然而，此時曹操陣營內部卻出現了不同的聲音。

在關於是否迎奉天子的集體討論中，許多人認為，如今關東群雄逐鹿，局勢未穩，而天子身邊的韓暹、楊奉等人更不會心甘情願地把天子拱手送人，我們原本就身處四戰之地，現在沒必要再去招惹是非。

沒錯，如今圍著天子的這幫軍閥的確都驕橫得很，撇開韓暹、楊奉不說，僅僅大司馬張楊這關就不好過。建安元年八月，天子抵達南宮，自恃功高的張楊竟然取自己名字中的「楊」字，為自己替天子修繕的宮殿命名為了「楊安殿」。楊安，楊安，似乎天子能夠安頓下來全是他張楊的功勞，這是何等的跋扈！天子住的地方都變成「楊安殿」了，他還能允許你改成「操安殿」不成？想到這裡，曹操猶豫了。

關鍵時刻，潁川潁陰人荀彧站了出來。

首先，荀彧舉出了春秋時晉文公迎接周襄王、秦末時漢高祖劉邦為義帝楚懷王發喪的成功案例：「**昔晉文納周襄王而諸侯景從，高祖東伐為義帝縞素而天下歸心。**」前者「諸侯景從」，後者「天下歸心」，言下之意，尊奉天子的政治收益顯而易見。

隨後，荀彧回顧了曹操為天子所作出的一系列努力：「**自天子播越，將軍首唱義兵，徒以山東擾亂，未能遠赴關右，然猶分遣將帥，蒙險通使，雖禦難於外，乃心無不在王室，是將軍匡天下之素志也。**」起兵因天子、遣將見天子、心中念天子、初心為天子。言下之意，既然之前天子無處不在、無時不有，現在天子來了，還猶豫什麼呢？

緊接著，荀彧又分析了天子返回洛陽後所引發的廣泛社會情緒：「**今車駕旋軫，東京榛蕪，義士有存本之思，百姓感舊而增哀。**」精英有護衛朝廷的想法，百姓有懷念過去的感情，總歸一句話，民氣可用啊！

講完這些，荀彧開始闡發奉天子可能產生的三大作用：其一，爭取民心，「**誠因此時，奉主上以從民望，大順也**」；其二，壓服諸侯，「**秉至公以服雄傑，大略也**」；其三，招賢納士，「**扶弘義以致英俊，大德也**」。

寥寥三句話把迎奉天子的多方面價值講得明白透徹，也解決了「令誰」的問題。首先，令的是百姓，百足之蟲，死而不僵，百姓對於大漢王朝的政治認同、思想認同、情感認同是短時間無法替代的，有了天子，就有了民心所向和民望所歸，而得民心又是得天下的基礎；其次，令的是諸侯，雖然不能令他們真心歸附，至少能讓其表面上俯首稱臣；最後，令的是士人，作為帝國的文化精英和政治精英，他們有著很強的正統意識，迎奉天子無疑會在他們心中掀起層層漣漪，並產生巨大的集聚效應。

闡發完「奉天子」的三大正向作用，荀彧還不忘對可能出現的風險進行評估：「**天下雖有逆節，必不能為累，明矣。韓暹、楊奉其敢為害！**」意思是，在正義的旗幟下，就算有幾隻蒼蠅嗡嗡叫，那也只會以碰壁告終，而韓暹、楊奉恐怕連嗡嗡叫都未必敢。

該講的都講了，最後荀彧開始催促曹操下決心了：「**若不時定，四方生心，後雖慮之，無及。**」你現在不下定決心可以，但要是別人有了迎奉的心，你再想來謀劃這事，連門都沒有了。只爭朝夕吧！

路線是個綱，綱舉目張。荀彧的這番話，一下子打通了曹操心中所有的擔憂，而恰在這時，一位友人的來信，進一步打消了曹操的顧慮。

來信之人名叫丁沖，既是曹操沛國的同鄉，也是曹操的老相識。當時丁沖正在天子身邊擔任侍中，他所傳的消息可信度自然相當高。

丁沖的來信很簡短，一共只有十六個字：「**足下平生常喟然有匡佐之志，今其時矣。**」您平時不是常常把匡濟天下、輔佐天子的志向掛在嘴邊嗎？現在是時候付諸行動了。

還有什麼可說的呢？快馬加鞭吧！

自助者，天助之。這邊曹操剛剛下定了迎奉天子的決心，那邊衛將軍董承就「**潛召**」曹操進京勤王來了。這是怎麼回事，之前才在阻攔，現在怎麼變成歡迎了？

原來，漢獻帝君臣在回到洛陽後，大司馬張楊撂下一句「**天子當與天下共之，**

幸有公卿大臣」，然後主動回到了自己的河內郡，而車騎將軍楊奉則屯駐到了洛陽東面的梁縣。其實，張楊未必真心想讓天下人共用天子，楊奉也未必甘心離開洛陽，只因此時的洛陽實在太窮了。

具體窮到了什麼程度？據《後漢書．孝獻帝紀》記載，由於「**宮室燒盡**」，弄得「**百官披荊棘，依牆壁間**」，能有個斜牆用來遮風擋雨就不錯了。要是單單住得差也就罷了，吃的更是沒有著落。由於「**州郡各擁強兵，而委輸不至**」，弄得「**群僚饑乏**」，以至於「**尚書郎以下自出采穭，或飢死牆壁間，或為兵士所殺**」，在牆角自己餓死的還好，那些被兵士殺死的下場更慘。洛陽窘迫到這種地步，誰還待得住？

如此一來，洛陽就只剩下韓暹和董承兩位權臣了。之前，韓暹、董承二人就有矛盾，在東歸的路上，韓暹還曾經領兵進攻過董承，如今張楊、楊奉這兩位實力派一走，韓暹更是沒把董承當回事，很快就「**矜功盜睢，幹亂政事**」起來。對於韓暹的所作所為，董承不僅爭在明處，而且鬥在暗處，隨之便使出了主動邀約曹操這一招。

這邊董承主動招呼曹操，那邊楊奉也開始表薦曹操了。

相比於張楊、董承等人，楊奉是這個落魄朝廷中實力最強，但人脈最少的一位。從外向裡看，他是朝廷重臣；從裡向外看，他只是個看門人。正因如此，楊奉才不尷不尬地跑到了洛陽近郊。除了地位的尷尬，楊奉還遇到了一件窘迫的事情：缺糧。別看楊奉的屯駐地叫梁縣，但此「梁」非彼「糧」，在朝廷中不如意，另尋他處容易，可是當人在飢餓時，他處覓食就難了。

恰在此時，楊奉收到了從不遠處送來的一封書信。沒錯，這封信正來自於「曹操」。信中，「曹操」開門見山：「**吾與將軍聞名慕義，便推赤心。**」我久聞你的名聲，久慕你的忠義，所以今天想推心置腹地跟你聊聊。

雖說要推心置腹，但客套和吹捧還是少不了的：「**今將軍拔萬乘之艱難，反（返）之舊都，翼佐之功，超世無疇，何其休哉！……**」

高帽子戴完，就該說正事了：「**方今群凶猾夏，四海未寧，神器至重，事在維輔；必須眾賢以清王軌，誠非一人所能獨建。心腹四支，實相恃賴，一物不備，則有闕焉。**」守護漢家神器這件大事，你一個人是搞不定的，還得有人幫忙，多一個人多一份力量嘛。言下之意，我曹操是可以給你幫忙的。

可是，接下來問題來了：想幫忙，你有什麼本錢？我們又如何分工？

這一問題的答案，「曹操」隨即給出：「**將軍當為內主，吾為外援。今吾有糧，將軍有兵，有無相通，足以相濟，死生契闊，相與共之。**」你當朝廷裡的主腦，我在外面做你的援手，我有糧，你有兵，我們互通有無，相互接濟，生死勞苦，一起承擔。

「曹操」開出的價碼的確頗具誘惑力，你有的還歸你，你沒有的我給你，我們一起獲得的，大份的也歸你。所有這些，就一個條件：讓我當你的外援。至於怎麼當外援，我不說你也懂。

正所謂「踏破鐵鞋無覓處，得來全不費工夫」，沒想到既無強援又無糧草的難題就這樣輕輕鬆松解決了。手拿書信，楊奉喜悅地對部下們說：「**兗州諸軍近在許耳，有兵有糧，國家所當依仰也。**」這個曹兗州，不僅離我們距離近，而且還有兵有糧，朝廷還真得倚仗他呀！

然而，當真是「國家所當依仰」嗎？恐怕是楊奉「所當依仰」吧？看來楊奉真把高帽子戴得牢牢實實，把自己當成「國家」了。

高帽子戴上了，接下來就是幫曹操爭取「外援」的身分了。於是，楊奉同手下諸將一起上表朝廷，舉薦曹操為鎮東將軍，同時承襲他父親曹嵩的費亭侯爵位。

城裡董承「潛召」，城外楊奉「**共表**」，當軍、政這兩股力量都對曹操產生了異乎尋常的需求時，曹操的出現就不再是趁火打劫，而是雪中送炭了。於是，曹操大張旗鼓地進入了洛陽城。

進城沒多久，曹操就把「曹操」請到了身邊。來洛陽之前，曹操對於董承的「潛召」並沒有感到太過意外，但對楊奉的「共表」卻著實摸不著頭腦。經過一番瞭解，曹操才知道早在自己行動之前，另一個比他更熟悉朝中各種關係的「曹操」就已經動手寫信了。這個越俎代庖的熱心人不是別人，正是之前在張楊那裡曾經幫助過自己的董昭，此時他已經從張楊身邊的騎都尉，變成了天子身邊的議郎。

如果說董昭之前的兩次助力，都是在推動曹操更快更好地「入圈」的話，那麼，這次董昭在兩人面談中所提的建議，則是在鼓搗曹操「出圈」。

面對曹操「**今孤來此，當施何計**」的詢問，董昭的「計」並沒有拘泥於「此」，而是直接把曹操的視野引向了「彼」。具體而言，就是要讓天子離開此地，前往彼地。

在洛陽這個「此」，「人殊意異」、各懷心思，你曹操初來乍到，「事勢不便」、動輒得咎，施什麼計都沒用，但只要「移駕幸許」，到達那個別人的「彼」，而你曹操的「此」，自然在誰的地盤誰做主，你曹操就能想施何計便施何計了。

董昭的建議很好，但曹操還有一個疑問：怎麼順利地把天子弄到許縣？別人不說，僅僅住紮在洛陽邊、手握重兵的楊奉就不好對付。

曹操的擔心不無道理，但董昭卻早有了妙計。當初打動楊奉的是什麼？自然是如天大的那樣東西：糧食。這樣東西不僅楊奉缺，天子也缺，天下諸侯都缺，天子、天子，自然要跟著「天」走，派人給楊奉說「京都無糧」，然後告訴他天子準備到魯陽就食不就得了？魯陽與許縣一步之遙，到時候還不好辦嗎？

就這樣，曹操舉著米袋子，不僅又把楊奉忽悠了一次，而且把天子和眾臣都忽悠到了許縣。

你看，關鍵時刻，手裡有把米是多麼重要！

天下歸心

建安元年（西元一九六年）九月，隨著天子「車駕出轘轅而東」，曹操也成為了朝廷中的大將軍，封武平侯。而一旦天子在手，曹操就開始沿著「從民望」、「服雄傑」、「致英俊」的既定路線高歌猛進了。

「從民望」這一目標相對容易。「民望」是什麼？荀彧說得很清楚：「奉主上」。既然把天子迎奉到了許都，就已經算是「從民望」了，接下來就是一個長期堅持、持續穩固的過程了。對此，曹操可謂盡心盡力。天子一到許都，曹操就迅速營建了宮殿，並提供了從書案到香爐，從唾壺到澡盤的全套生活用品，這些用品或純金或純銀，或象牙或瑪瑙，總之件件都與天子的尊貴身分相匹配。

堂堂大漢天子竟然靠臣子的「施捨」生活，傳出去難免有些尷尬。為此，曹操在進獻時還專門表示，這些御用之物都是當年漢順帝賞賜給自己祖父曹騰的，如今只不過是物歸原主而已。

「服雄傑」這一目標表面不難。建安元年（西元一九六年），當曹操以天子名義下詔書，責備袁紹地廣兵多，但卻只知道結黨營私而不知道勤王救駕時，袁紹只有深表自責和無謂辯解的份了。同樣，此時的劉表也乖乖地向許都派遣使者朝覲貢獻，剛剛占據江東的孫策，更是派遣心腹捧著奏章拜謁朝廷、進貢禮物，而占據關中的馬騰、韓遂也在之後的建安四年（西元一九九年）接受了朝廷的任命。

相對而言，「服呂布」的過程稍微麻煩一些。之前，當天子一行從關中到達河東地區時，曾經下詔讓呂布來迎接天子。可是，呂布當時也「**軍無蓄積**」，別說迎天子了，連湊夠去河東的本錢都困難。為此，呂布只能無奈地向天子講明實情。儘管如此，天子還是拜呂布為平東將軍、封平陶侯。然而，當使者拿著任命詔書和印綬前往徐州的時候，卻不知什麼原因把這些東西全弄丟了。

曹操迎奉天子後，不僅嘉許了呂布有心迎接天子的忠誠，而且派出高級別使者給呂布送去了新的平東將軍印綬，和自己的一封手書。信中，曹操專門解釋，如今朝廷也沒有什麼成色比較高的黃金，我就自掏腰包拿出上等的黃金為你製作了官印；朝廷現在也沒有紫綬，我就把我自己戴的紫綬拿給你了。

這番噓寒問暖，讓呂布相當受用，在彼此往來的書信中，呂布就表態要「**購捕袁術**」等人「**以命為效**」。

當時，袁紹在北，劉表在南，馬騰在西，呂布在東，四個方向上的敵人表面上都服從了，剩下的就是自己鞭長莫及的劉璋、公孫度以及被自己多次擊敗的袁術了，這些人就由他們去吧！

當然，曹操也明白，手握天子只能讓四周的這幫雄傑表面臣服，真正解決他們還得任重道遠。實際上，就在袁紹上書為自己辯解不久，他就以許縣地勢低、易潮濕為由，向曹操提出把都城遷到離自己更近的鄄城，以便自己也能夠控制天子。而當曹操以朝廷名義拜袁紹為太尉時，袁紹更是「**表辭不受**」，絕不願意居於曹操這個大將軍之下。

對於袁紹遷都的建議，曹操當然不可能答應。鄄城距離袁紹的大本營鄴城只有二、三百里，中間只隔了一條黃河，可謂咫尺之遙。當初，曹操之所以要把自己的大本營從鄄城搬到許縣，其中一個重要目的就是擺脫袁紹的威壓和控制。按照袁紹事後的說法，勢力龐大的他，那時只是把曹操當作「**鷹犬之才**」，給他些「**爪牙之任**」而已。如今，曹操已經手握天子和朝廷，怎麼可能再回去當袁紹的鷹犬和爪牙？

但對於袁紹「**恥為之下**」的強硬態度，實力不濟的曹操做了讓步。不久，曹操就把大將軍的位置讓給了袁紹，自己則變成三公之一的司空，同時行使車騎將軍的職權。畢竟，讓出的只是一個名號，關鍵還是要靠實力說話。

袁紹不願就此低頭，呂布也有更多期待。就在呂布信誓旦旦要為朝廷效命不久，他就專門派人向朝廷提出了任命自己為徐州牧的請求。徐州牧不僅僅是一個頭銜，還關係到呂布在徐州統治的正當性問題，一旦給了呂布這個名分，以後再去討伐他就有些困難了。因此，曹操自然不會答應。

實際上，關中的馬騰、韓遂也有不安分的時候。雖然馬騰和韓遂在建安四年（西元一九九年）的時候都把兒子送到許都當人質，也在建安五年（西元二〇〇年）曹袁官渡對決時站在了曹操那一邊，但當袁尚在建安七年（西元二〇二年）進攻河東地區並拉攏馬騰、韓遂時，二人的態度卻相當模糊。

相較而言，荊州的劉表算是比較安分的。不過，劉表之所以看起來安分，是因為他悄悄在自己的地盤裡搞起了「**郊祀天地**」這樣的僭越之舉。如此看來，劉表已經不是「**以西伯自居**」、自比周文王的問題了，簡直是目無天子了。

更氣人的是江東的孫策。建安五年（西元二〇〇年），就在曹操即將與袁紹展開決戰的關鍵時刻，孫策卻暗中盤算襲擊許都。但正當孫策「密治兵，部署諸將」的時候，原吳郡太守許貢手下的幾名門客刺殺了他。

曹操明白，要想真正收服這幫雄傑，最終只能是征戰。於是，從建安元年（西元一九六年）到建安九年（西元二〇四年）的八年時間裡，曹操以許都為大本營，經過數次南征北戰、東征西討，才最終滅掉了東面的呂布、東南面的袁術以及北面的袁紹。

相比之下，成效最顯著的還是「致英俊」。

與雄傑們個個有實力撐腰不同，大多數英俊是深受儒家名節思想影響的士人，甚至是深研經傳的名士，也許這些人為了一時生存會慌不擇主，但是一旦安定下來，他們就會冷靜思考誰是明主誰是昏君，誰是正統誰是偏霸的問題了。這樣一來，迎奉天子、代表朝廷、占據中原的曹操，在「致英俊」方面的優勢就凸顯出來了。

首先，曹操具有資源優勢。雖然曹操當時的經濟軍事實力並不足夠強大，但他卻壟斷性地擁有許多政治資源。具體來說，最關鍵的就是官帽子。別的諸侯頂多只能以州牧身分給手下們安排個郡守、縣令的官職，或者主簿、從事、別駕的頭銜，而曹操不僅可以透過自己的司空府進行禮辟，而且可以把朝廷中，從幾百石到兩千石的各種職位都用上，甚至「三公九卿」都可以拿出來。一句話，曹操手中的官帽子，不僅數量多，而且位階高。

其次，曹操具有品質優勢。當然，一些諸侯雖然政治資源不足，但他們也會藉由名義上向朝廷推薦等方式，自行委任一些高階官員。比如，在關東群雄聯合討董時，袁紹就曾經讓曹操「**行奮武將軍**」；後來，袁紹入主冀州後，也曾經向朝廷表薦自己的首席幕僚沮（音同居）授為「**奮威將軍**」。不過，無論諸侯們變出多少官職，他們都還要冠冕堂皇地向朝廷上表申請，雖然無論朝廷同不同意這些申請，他們都會任命，但這些官職終究都只是「地方糧票」，根本無法在全國流通。於是，有人為了解決這個問題，甚至打起了另立中央的主意。袁紹一度要擁立幽州牧劉虞為帝，袁術一度在淮南的一隅之地登基稱帝，說白了，都是想要利用上面一次性的不合法，來解決下面無數個合法性的問題。

最後，曹操具有範圍優勢。對於大多數諸侯來說，他們只能在自己的控制區域對英俊進行舉薦和禮辟；就算極少數如袁紹那樣的諸侯能夠跨地域吸引人才，實際上也是疊加了家世背景、個人魅力、地緣關係、軍事實力等多種因素的結果。仔細觀察袁紹的班底，除了他在洛陽時就一直跟隨的許攸、逢紀和淳于瓊，以及從潁川來到冀州的荀諶（音同辰）、郭圖、應劭、辛評、辛毗等人，剩下的大多數還是沮授、田豐、審配、崔琰等冀州本地名士。

冀州的袁紹是這樣，兗州時的曹操更是如此，除了從家鄉譙縣帶出來的曹仁、夏侯惇等忠肝，以及荀彧這樣的少數外來者，諸如陳宮、程昱、毛玠這些兗州人大多數還是曹操的班底。

然而，一旦把天子掌握到了自己手中，曹操就能以朝廷的名義，對全天下的英俊進行徵召和任命了。

沒過多久，曹操就把在青州逃亡的前北海相孔融，徵召為了朝廷的將作大匠，把原本要去益州赴任卻滯留於荊州的蜀郡太守荀攸，徵召為了汝南太守，把流落於江東的會稽太守王朗徵召為了朝廷的諫議大夫，甚至還把前豫章太守華歆從孫權手中徵召了過來。

一開始，孫權並不想放走華歆。既然如此，華歆只好打著朝廷和曹操的旗號為自己爭取。只聽華歆對孫權說，將軍您一直是「**奉王命**」的，現在您剛剛「**始交好曹公**」，您與曹操之間的關係也並不牢靠，讓我到許都「**為將軍效力**」，難道不是件好事嗎？相反，您把我留下，相當於「**養無用之物**」，並不是什麼明智之舉。

曹操以朝廷的名義要人，華歆既用朝廷和曹操來給孫權施壓，又從孫權的角度表明自己的價值，字裡行間無不透露出朝廷和曹操的威懾力。就這樣，孫權高高興興地讓人把華歆送到了許都。華歆一到許都，就被朝廷拜為議郎。

實際上，不僅是孔融、華歆這樣的大名士、前高官，就算是他們的賓客也在曹操的挖掘之列。比如，有一個名叫鄭渾的河南郡開封縣人，從他的高祖父到他的父親「**皆為名儒**」，他的哥哥鄭泰更是與荀攸等人一起策劃過「**謀誅董卓**」，後來還當過一段時間揚州刺史，只可惜不久就病故了。鄭泰亡故後，鄭渾帶著鄭泰的小兒子在淮南避難，結果袁術「**賓禮甚厚**」。可是，鄭渾卻判斷袁術必然會失敗，於是他又渡江南下，投奔了豫章太守華歆。後來，曹操聽說了鄭渾的情況，立刻派人徵召其為掾屬。

曹操不僅從各地諸侯那裡徵召自己看中的英俊，那些諸侯派到朝廷來奉送奏章、進獻貢物，甚至觀察虛實的英俊們，也一股腦地都被他任命了新的官職。呂布的使者陳登被任命為廣陵太守，劉表的使者韓嵩先被拜為侍中，接著遷為零陵太守，孫策的使者張紘先被留在朝廷做侍御史，後來又被任命為會稽東部都尉。

表面看來，這些任命並無玄機，但仔細分析，每一項任命又都別有深意。

陳登是徐州豪族的代表人物，他一到許都就向曹操面陳破呂布之計，而曹操之所以任命他為廣陵太守，就是想讓他在徐州的東南部悄悄聚攏人馬，以便將來與自己的東征大軍形成對呂布的夾擊之勢。

事後證明，這一招果然有效。一年後，聽說曹操大軍東出，陳登的人馬率先衝到了下邳（音同陪）城下。

韓嵩是荊州內部的擁曹派，但劉表交給他的任務是「**以觀虛實**」。為了給韓嵩創造一個觀察的機會，同時也為了進一步考察韓嵩，曹操先讓他當了侍中。等到韓嵩觀察得差不多了，曹操也完全信任他了，就到他回去發揮作用的時候了。

那麼，如何讓韓嵩有效發揮作用呢？與對陳登的任命類似，最好的辦法就是讓他在劉表的背後搞策反和破壞，就這樣，韓嵩成了荊州最南部的零陵太守。

可以想像，如果韓嵩真到了零陵，劉表今後面臨的很可能就是曹操大軍南下、韓嵩人馬北上的不利局面。

然而，韓嵩不是陳登，劉表更不是呂布，看到韓嵩一回荊州就「**稱朝廷、曹公之德**」，警覺的劉表就把他關了起來。結果，曹操對韓嵩的安排，只起到了策動人心的作用，並沒有達到驅動人馬的目的。

對韓嵩的任命在效果上打了折扣，但與對張紘的任命相比，已經算是收穫頗豐了。建安四年（西元一九九年），占據江東的孫策派張紘到許都去奉送奏章，結果被曹操留下來當了朝廷的侍御史。也許曹操任命張紘的目的與任命韓嵩類似，就是想策動他，然而令曹操沒想到的是，隨後他卻被張紘給策動了。

建安五年（西元二〇〇年），孫策被刺，孫權接班，得知這一消息，曹操計畫「**因喪伐吳**」。結果，經過張紘的一番勸說，曹操不僅打消了伐吳的念頭，而且任命孫權為討虜將軍，領會稽太守。不僅如此，為了讓張紘去說服孫權「**內附**」，曹操還任命張紘為會稽東部都尉。

會稽郡就在孫權大本營吳郡的東南側，會稽東部更是緊挨著吳郡，也許曹操依舊盼著張紘如果說服不了孫權，同樣能夠與自己形成夾擊之勢。只可惜，作為孫氏集團創始成員的張紘，並沒有因曹操的任命而背叛。相反，他卻先後利用曹操的兩次任命，為江東的安全和自己的脫身創造了條件。

俗話說，強扭的瓜不甜。曹操這種挖牆腳式的任命，所能產生的效果因人而異。不過，對於那些自覺跑來的英俊，就另當別論了。

看到天子定都許縣，中原漸趨安穩，許多之前外出避難的英俊都返回了在中原的家鄉。既以節操著稱又「**有勇略雄氣**」的邴（音同丙）原從公孫度治下的遼東回到了家鄉青州北海國，「**少好學，論議常據經典**」的涼茂從遼東回到了家鄉兗州山陽郡，早年「**師事鄭玄**」的國淵從遼東回到了家鄉青州樂安郡；避亂到江東的徐州東莞（音同館）郡人徐奕更是拒絕孫策的策命，更名換姓、改裝易服跑回了本郡；而避亂到淮南的豫州陳郡人何夔（音同葵），為了躲避袁術的追趕，改走小路，硬是用了一年時間才回到故鄉；此外，潁川人趙儼和繁欽也從劉表治下的荊州跑了回來。

這些英俊一回到家鄉，就得到了曹操的征辟。並且，在他們中除了趙儼和繁欽，其餘人得到的第一個崗位都是司空掾屬，而趙儼和繁欽在一段時間後，也成了司空府或者之後的丞相府官員。

那麼，這些人為什麼都要先入司空府呢？

按照漢家制度，司空可以置下屬長史一人、掾二十九人、令史及禦屬四十二人。為此，司空曹操名正言順地建立了一個自己的小班底，形成了一個實質上的朝中朝。英俊們在司空府任職，既體現了曹操的欣賞與信任，也便於曹操對他們進行考察和試用，還讓這些人自然而然地對曹操產生了依附關係。經過一段時間的歷練，這些人或外放縣令、郡守，或入朝任職，不僅在朝廷內外發揮了重要作用，而且都保持了對曹操的絕對忠誠。

實際上，曹操的司空府中並不只有上面那幾個英俊，經筆者統計，《三國志》提到的人物中，共有三十一人在司空府中任過職。

不過，即使這樣，司空府的員額還是滿足不了曹操的用人需求。為了安置人才，曹操甚至借用了司徒府的一些指標。其中，出身豫州沛國的劉馥（音同副）就是一個。

早年避亂到揚州的劉馥，在聽到曹操迎奉天子的消息後，不僅自己有心投奔曹操，而且經過一番說服工作，把袁術手下的將領戚寄、秦翊（音同易）以及他們的部眾都帶到了曹操身邊。

如果說，那些跑回家鄉並被曹操征辟的英俊算是聰明人的話，那麼，不僅徑直跑到曹操跟前，還獻上「投名狀」的劉馥，則算得上是高明了。對此，曹操「**大悅**」，沒多久劉馥就成了司徒掾屬。幾年之後，曹操甚至派劉馥回到熟悉的淮南，擔任了主政一方的揚州刺史。

在「奉天子」的旗幟下，被曹操納入麾下的不僅有良臣，還有猛將。這其中的典型就是李通和徐晃。

江夏郡平春縣人李通，早年「**以俠聞於江、汝之間**」，在荊州與豫州的交界地帶形成了一股勢力。建安初年，隨著曹操入主豫州、迎奉天子，李通「**舉眾詣太祖於許**」，一股腦歸附了曹操。

獨據一方的李通率眾歸順，而為人效力的徐晃卻準備說服自己的主公一起歸附。徐晃原本是楊奉手下的騎都尉，當初楊奉之所以能夠護送天子回洛陽，其中就離不開徐晃的勸說。後來，漢獻帝渡過黃河，徐晃因為護駕有功被封為都亭侯。

等到天子回到洛陽，徐晃看到韓暹、董承惡鬥，就勸說楊奉歸附曹操。結果楊奉先是準備同意，後來卻後悔了，最終站到了曹操的對立面。就這樣，一來二往，徐晃沒勸說成楊奉，索性自己獨自歸附了曹操。

徐晃沒勸成主公，而另一個人卻把自己的老闆帶到了曹操跟前。

環顧許都四周，有一個小諸侯讓曹操很頭痛。作為涼州武威郡人，張繡屬於董卓舊部，後來輾轉來到南陽郡的宛城，成了劉表抵禦中原進攻的一道屏障。曹操第一次南征張繡是在建安二年（西元一九七年）春天，結果大軍剛到宛城，張繡就識時務地歸降了。不過，沒過多久張繡卻降而復叛了。

究其原因，大概是因為曹操占有了張繡叔父張濟的遺孀，並且刻意拉攏張繡的猛將胡車兒。這兩件事讓張繡既害怕又失望，結果就反了。張繡的突然復叛，不僅打得曹操灰頭土臉，而且損失了愛將典韋和長子曹昂，以及侄子曹安民。

後來，曹操又在當年冬天和第二年三月，兩次征討張繡，但都在劉表和張繡的聯手抵禦下，無功而返。

降而復叛、殺子之仇、三次對戰，按理說，雙方只有不共戴天地鬥下去了。可是，就在對曹操來說至關重要的官渡之戰前夕，張繡卻出人意料地再次歸降了曹操。這是怎麼回事？

原來，看到張繡在南方對曹操的有力牽制後，袁紹便派人去招誘張繡。然而，就在張繡盛情接待使者的時候，張繡身旁的謀士賈詡（音同許）卻對使者說了這樣一句話：「**歸謝袁本初，兄弟不能相容，而能容天下國士乎？**」回去向你的主公袁紹轉達我們的歉意，如果袁紹與自己兄弟袁術都不能相互包容，他還能容得下天下的國士嗎？

賈詡的這句話徹底斷了張繡歸附袁紹的念想，但隨即也給張繡指了一條新的出路：歸降曹操。

什麼，降曹？這怎麼可能？要知道，我可是殺死了曹操的長子啊，且目前局勢可是袁強曹弱啊！

可是，賈詡卻說：「**此乃所以宜從也。**」這正是你應該歸附曹操的地方。

緊接著，賈詡闡述了張繡「所以宜從」的三點原因：

宜從一，歸順曹操名正言順，「**曹公奉天子以令天下**」。

宜從二，張繡在雙方心目中的權重和受重視程度不同，「**紹強盛，我以少眾從之，**

必不以我為重；曹公眾弱，其得我必喜」。

宜從三，既給曹操一個明德四海的機會，也讓大家共寫一段冰釋前嫌的佳話，「**有霸王之志者，固將釋私怨，以明德於四海**」。

最後，賈詡說了一句：「**願將軍無疑！**」

千言萬語匯成一句話：站隊袁紹只是錦上添花，投奔曹操才是雪中送炭，不在價碼最高時把自己賣出去，還等什麼？

事實證明，賈詡的判斷十分精準。聽說張繡來降，喜出望外的曹操拉著張繡的手不肯放開，馬上拜其為揚武將軍。還不只這樣，曹操還為兒子曹均迎娶了張繡的女兒，雙方結成了兒女親家。同樣，曹操對於賈詡也是感激不盡，拉著賈詡的手說：「**使我信重天下者，子也。**」這回你幫了我一個大忙了！

隨後，張繡奉命領兵北上，據守官渡東側的陳留一帶，成為曹操對抗袁紹的重要屏障。而賈詡的押注也取得了最大的收益，他不僅成功跳槽，變成了曹操的核心智囊之一，實現了圈子的徹底轉換，而且在之後漫長的歲月裡，變成了曹操、曹丕父子兩代都倚重的權臣，最終在年逾古稀之時壽終正寢。

在雄豪並起的割據時代，如賈詡這般能牽著老闆鼻子走的畢竟是少數。還有一些英俊，他們雖然不能帶著老闆來到曹操身邊，但身不能至卻可以心嚮往之。實際上，這些人已經在用行動幫助曹操了。

在袁術那裡，當袁術把自己想當皇帝的想法說給名士張承聽，甚至想藉著自己人多勢眾滅掉相對弱勢的曹操時，張承用一句「**漢德雖衰，天命未改，今曹公挾天子以令天下，雖敵百萬之眾可也**」，義正辭嚴地回嘴袁術。

在呂布那裡，就在袁術向呂布提親的當口，陳珪這一徐州大族的代表人物，同時也是袁術的好友，卻以「**曹公奉迎天子，輔贊國政，威靈命世，將征四海**」為理由，勸說呂布與曹操「**協同策謀，圖太山之安**」。結果，呂布不僅拒絕了與袁術的親事，而且還把袁術派來的使者送到了許都，並且，呂布派往許都的使者恰恰是陳珪的長子陳登，而陳登一到許都，就為曹操獻上了攻滅呂布的計謀。

在袁紹那裡，當袁紹憑藉人多勢眾，準備南下碾壓曹操時，不僅手下的沮（音同狙）授、田豐等人紛紛出來勸阻，崔琰更是直言不諱地告訴袁紹：「**天子在許，民望助順，不如守境述職，以寧區宇。**」意思是說，打曹操就是打天子，必定不得人心，您還是老老實實待在家裡吧！

在馬騰那裡，當馬騰準備配合袁尚進攻河東時，幕僚傅幹不僅給馬騰大講「**曹公奉天子誅暴亂**」、「**可謂順道矣**」的道理，而且勸說馬騰「**斷袁氏之臂，解一方之急**」。最終，傅幹的這番話確保了河東地區的安穩。

在公孫度那裡，當公孫度看到曹操離開鄴城，後方一度空虛，準備帶上步卒三萬、騎兵上萬前往攻擊時，他身邊的名士涼茂立刻潑了一盆冷水。涼茂的理由很明確：天下大亂時，你公孫度「**安坐而觀成敗**」，而「**曹公憂國家之危敗，愍（憫）百姓之苦毒，率義兵為天下誅殘賊**」；現在曹操不來找你的碴、問你的罪，你不沒事偷著樂，還要沒事找事去偷襲，這不是有病嗎？此話一出，不僅公孫度的手下個個受到觸動，就連公孫度本人也思躇良久，最終冒出一句「**涼君言是也**」，你說的是！

在劉表那裡就更不用說了，手下的從事中郎韓嵩、別駕劉先等人，紛紛用「**以曹公之明哲，天下賢俊皆歸之，其勢必舉袁紹**」，勸說劉表「**上順天子，下歸曹公**」。

當年，創業之初，面對袁紹「若事不輯，則方面何所可據」的提問，曹操並沒有從地利方面去談「何所可據」，而是從人和方面說出了「吾任天下之智力，以道禦之，無所不可」這樣的豪言壯語。

如今，已經掌握了「奉天子以令不臣」這個「道」的曹操，終於可以「任天下之智力」了。

天下智庫

聊完曹操引致的天下英俊，再來重點談談許都周圍的潁川奇士。或許，沒有潁川這幫人的襄助，曹操根本不可能「任天下之智力」。

在曹操逐鹿天下的過程中，他最熟悉也是最焦慮的對手莫過於袁紹了，正如曹操日後所說，「**袁紹據河北，兵勢強盛，孤自度勢，實不敵之**」。在相當長的一段時間內，袁紹不僅在地盤面積、軍事實力、人口規模等諸多方面優於曹操，就連曹操最看重的「天下之智力」，袁紹也超出曹操一大截。

由於四世三公的出身、「**姿貌威容**」的形象、「**愛士養名**」的姿態，袁紹身邊一直都不乏追隨者。早在天下大亂之前，隱居洛陽的袁紹就引得「**賓客所歸，加傾心折節，莫不爭赴其庭**」，身邊聚集了張邈、何顒、吳巨、許攸、伍瓊等「**奔走之友**」；舉起討伐董卓的大旗後，甚至出現了「**豪傑既多附招……，州郡蜂起，莫不以袁氏**

為名」的局面；奪取冀州後，袁紹手下更是人才濟濟，僅僅潁川人就有荀諶、郭圖、辛評、淳于瓊等人，其他還包括南陽人許攸、逢紀以及汝南人應劭等，而沮授、田豐、審配、張郃（音同何）、高覽等冀州人更是數不勝數。

袁紹不缺人才，所以當年他在與曹操探討「方面何所可據」時，才只談到了「南向以爭天下」的地利問題，而沒有刻意強調人才的重要。

反觀曹操，不僅地盤沒有著落，就連人才也是捉襟見肘，無論是地盤還是人才後來都是靠袁紹才解決的。

先說地盤。初平元年（西元一九〇年）關東群雄酸棗會盟後，曹操始終處於一種漂泊的狀態，先是孤軍討伐董卓，結果「**與戰不利，士卒死傷甚多**」；隨後到揚州募兵，結果雖然募了四千餘人卻「**士卒多叛**」；折騰來折騰去，曹操帶著拼湊歸攏的一千來人，駐屯到了河內。

事情的轉機出現在第二年。初平二年（西元一九一年），由於十餘萬黑山軍攻略冀州的魏郡和兗州的東郡，忙於魏郡「**防火**」的袁紹便讓曹操領兵入東郡，抵禦黑山軍。結果，曹操成功擊破黑山軍後，被袁紹表薦為東郡太守，這樣才算有了一塊立足之地，實現了從無到有的突破。

再說人才。創業初期，「**任俠放蕩**」的閹宦之後曹操，賴以起家的除了來自家鄉的曹仁、夏侯惇等，這些有地緣紐帶和姻親關係的「**親舊肺腑**」外，能夠傾心追隨的也就是濟北相鮑信了。可是，沒多久鮑信就在保衛兗州的戰鬥中被黃巾軍給殺了。對於曹操來說，他損失的不只是一位戰友，還有一個智囊。當初，為自己定下「規大河之南」這一戰略策略的是鮑信，隨後說服兗州官員擁戴自己成為兗州牧的，也是鮑信。

不過，恰在此時，一個從袁紹陣營脫離出來的英俊，及時地彌補了曹操的人才危機。

這個人就是荀彧。

作為潁川荀氏家族的成員，荀彧的到來，對於曹操成功實現對袁紹的逆襲，具有重大意義。

在帝國的政治文化版圖中，汝南郡和潁川郡是兩個獨特的存在。具體來說，東漢一朝，這兩郡均以盛產才學之士著稱。汝南郡以袁紹所在的袁氏家族為代表，從袁安在漢章帝劉炟（音同達）時擔任司徒開始，兒子袁敞擔任司空，孫子袁湯擔任太尉，曾孫袁逢擔任司空，袁隗（音同偉）擔任太傅，四世之中有五人官居三公之位，可謂人才濟濟、高官輩出。

同時，汝南郡還有以「月旦評」聞名於世的許靖、許劭兄弟。漢靈帝年間，喜歡品評人物的這對堂兄弟，經常評論鄉黨，褒貶時政，並在每月初一發表出來，故稱之為「月旦評」。這些評論看似漫不經心、恣意灑脫，但在注重清議和察舉的大漢王朝，卻時刻攪動著士人敏感而脆弱的神經，一時間「**所稱如龍之升，所貶如墜於淵**」。於是，鄉黨人物無不對二許既敬又怕。當初，青年曹操為了求得許劭的一字之評，就曾經「**卑辭厚禮**」去拜見，結果在得到了「子治世之能臣，亂世之奸雄」這句亦褒亦貶的評語後，大笑而去。

關於潁川郡的人才狀況，曾有過這樣一段聊天。漢安帝年間（西元九十四年到西元一二五年），潁川太守朱寵曾問手下的功曹吏鄭凱：「**聞貴郡山川，多產奇士，前賢往哲，可得聞乎？**」，聽說你們郡盛產奇士和賢哲，你能給我說說嗎？

朱寵這一問不要緊，鄭凱從上古的隱士許由到漢初的名臣張良，再到近世的經學大師杜安，一口氣說了七、八位。

其實，潁川的人才不只在往昔，更在於當世。有別於汝南郡袁家一枝獨秀，漢末的潁川郡同時出現了四大名士家族，分別是潁陰縣的荀氏、長社縣的鐘氏、許縣的陳氏和舞陽縣的韓氏。此外，在潁川具有一定知名度和影響力的，還有陽翟縣的辛氏家族和郭氏家族。

《後漢書．循吏傳》在回顧有善績、能夠守法循理的地方官吏時，專門提到了「潁川四長」，認為他們均「**仁信篤誠，使人不欺**」。這裡的「潁川四長」，就是指當塗縣縣長荀淑、太丘縣縣長陳寔（音同時）、嬴縣縣長韓韶、林慮縣縣長鐘皓，巧合的是這四個人都是潁川人，他們不僅成為天下官吏的典範，而且拉開了潁川豪門世家的序幕。

作為荀子的第十一世孫，「**少有高行**」的荀淑不僅得到天子的征辟，而且被當世名賢李固、李膺等人尊崇為師，被世人稱為「神君」。荀淑有八個兒子，時人稱為「八龍」，為此潁陰縣縣令還專門把荀家舊里改名為「高陽里」，因為據載當年五帝之一的高陽氏有八個兒子，如今荀家也是八個。

人丁興旺不說，個個還都是人才。荀家這八個兒子雖然都遵循父親「**閒居養志**」的風格，但大多還是在朝廷的征辟下做了郡守縣令之類的官吏，六兒子荀爽更是在董卓專權時被強征為官，僅僅用了九十五天就從一介布衣變成了三公之一的司空。後來，荀爽與司徒王允等人密謀除掉董卓，但還沒等到動手，荀爽就病死了。

與荀淑相比，「**善誘善導，仁而愛人**」的陳寔同樣受到世人的尊敬。黨錮之禍時，面對通緝，其他人紛紛躲避藏匿，而陳寔卻偏偏自請入獄，並且說：「我不入獄，誰來照應大家呢？」遇到危難時替黨人著想，而遇到小偷時，陳寔同樣換位思考。

有一天夜裡，一名竊賊摸進陳寔家，躲到了房梁上。陳寔發覺後，不動聲色地整理衣物，隨後把兒孫們叫到了跟前，正色說道：「人不可以不自勉上進。為惡的人不是本來就惡，是平時不注意，養成了習性就改不過來了，比如說梁上的這位。」陳寔的這句話，說得竊賊無地自容，連忙下來叩頭請罪。「樑上君子」這個典故就由此而來。

荀淑家兒子多，陳寔的兒子也不算少。陳寔共有六個兒子，其中尤其以陳紀、陳諶最為賢德，時人因為陳寔、陳紀、陳諶「**並著高名**」，稱他們為「三君」。董卓當權時，先是徵召陳紀為五官中郎將，後又將他遷為侍中，沒多久又外放為平原相。

荀家和陳家不僅齊名，而且聯繫熱絡。

據《世說新語》記載，有一次，陳寔向東去拜訪荀淑，由於家境儉樸沒有僕人供驅使，陳寔便讓大兒子陳紀駕車，小兒子陳諶拿著手杖在後跟隨，而與自己一同坐在車中的則是孫子陳群。

到了荀家，荀淑則讓三兒子荀靖出來迎候，六兒子荀爽專門負責斟酒，其他兒子輪番布菜，而此時坐在荀淑膝前的則是孫子荀彧。

原本，兩家聚會是件尋常事，但朝廷中的太史卻向朝廷奏報，才德之士東行，乃是上應天象的吉兆。

荀、陳兩家不得了，韓、鍾兩家也不簡單。

韓韶的兒子韓融，「**聲名甚盛**」，經過反覆征辟，來到朝廷任職，官至太僕的他在天子東遷的過程中，曾經說服李傕釋放了公卿百官和宮人婦女，並且歸還了天子專用的乘輿器服。然而，就在天子回到洛陽前夕，韓融卻不幸去世了。

韓家第二代在維護天子，而鍾家的第三代則同樣心繫朝廷。天子西遷長安時，鍾皓的孫子鍾繇正在朝廷擔任黃門侍郎，這期間，無論是在說服李傕、郭汜接納曹操的進獻這件事情上，還是謀劃天子東歸洛陽這一重大決策中，鍾繇都有不小的貢獻。

如此看來，潁川的確是一片人才的輩出之地。

可是，戰亂一起，潁川的人才就全跑出去了。潁陰荀氏大多跑到了冀州，袁紹手下的荀諶就是代表；舞陽韓氏也跑到了冀州，一度成為冀州牧的韓馥就是其中之一；此外，辛氏家族中的辛評、辛毗兄弟，郭氏家族中的郭圖，也都跑到了冀州。毫無疑問，他們都成了袁紹的麾下。

「**汝潁多奇士**」，這是曹操對汝南和潁川人才狀況的評價。但是對於以「任天下之智力」為出發點的曹操來說，眾多汝潁奇士們都被袁紹收到了囊中的情況，也著實讓他尷尬與欽羨。

沒有汝潁奇士的智謀團隊還能稱之為「天下之智力」嗎?不管曹操的「人和論」在格局上多麼宏闊豐滿，回到現實，依舊是那麼貧瘠骨感。

不過，沒多久，轉機就出現了。

這一轉機出現在荀彧身上。與其他潁川名士一樣，荀彧是在中原大亂後到達冀州的。當時，剛從亢（音同剛）父縣縣令任上棄官回鄉的荀彧看到「天下有變」，就勸家鄉父老儘快離開這個「四戰之地」，同時，冀州牧韓馥也專門派騎兵到家鄉潁川來接郡中百姓到冀州避難。然而，潁川百姓大多安土重遷，誰也不願意離開。於是，荀彧只好帶著本宗族的人來到了冀州。

當荀彧到達冀州的時候，袁紹已經成為冀州的新主人並對荀彧待以上賓之禮。然而，即使受到厚遇，荀彧經過觀察，依舊認為袁紹「**終不能成大事**」。初平二年（西元一九一年），也就是在曹操成為東郡太守的當年，荀彧離開袁紹來到了曹操身邊。

也許被荀彧的見識和才華所折服，也許從荀彧身上看到了「任天下之智力」的可能，總之，曹操高興地說了句：「**吾之子房也**。」你真是我的張良啊！

曹操的這句話無疑是對荀彧的最高評價，雖然張良只是幫助劉邦奪取天下的三傑之一，雖然從日後荀彧的貢獻來看他更像是「鎮國家，撫百姓」的蕭何，但要知道，張良可是有漢以來最知名的潁川人。以四百年來的頭號潁川人來比喻眼前這位二十九歲的潁川人，換作誰誰會不高興。

此後，荀彧作為曹操身邊的司馬，從東郡到兗州，從兗州到豫州，無論是兗州保衛戰還是徐州爭奪戰，不管是官渡之戰還是掃蕩河北，荀彧都做出了多方面的巨大貢獻。

建安十二年（西元二〇七年）二月，曹操頒布了被後世稱為《封功臣令》的教令。教令中，曹操總結了自己創業十九年來「**所征必克**」的原因，認為這「**乃賢士大夫之力也**」，而接下來面對「**天下雖未悉定**」的局面，自己「**要與賢士大夫共定之**」，為此應「**定功行封**」。於是，曹操「**大封功臣二十餘人，皆為列侯**」。

受封的二十餘人中，張遼、樂進這樣戰績卓著的武將占了一大半，夏侯惇、曹仁這樣的「親舊肺腑」又占了相當的一部分，然而，正如曹操在建安八年（西元二〇三年）表薦荀彧為萬歲亭侯時所說，「**慮為功首，謀為賞本**」，這一次他又為荀彧增加食邑一千戶，累計達到二千戶，是所有功臣中食邑最多的。

那麼，荀彧具體為曹操帶來了什麼，又具體做了什麼貢獻呢？

首先，荀彧是個能給曹操帶來信心的人。

剛來到曹操身邊時，董卓還在「**威陵天下**」，對於能否扳倒董卓，曹操心中頗有些不定。這時，荀彧適時鼓勵道：「董卓的暴虐早已到了作死的地步，必將因作亂而滅亡，終究不會有什麼作為。」

建安初年，曹操因為對與袁紹即將到來的對決缺乏信心，一度「**出入動靜變於常**」，變得有些神智失常了。這時，荀彧以「**古之成敗者**」為例，從度量、謀略、用兵、德行四個方面總結了曹操相對於袁紹的優勢，進而鼓勵曹操「**夫以四勝輔天子，扶義征伐，誰敢不從？紹之強其何能為！**」一下子使曹操信心倍增。

建安五年（西元二〇〇年），在官渡對決的關鍵時刻，當曹操寫信告訴荀彧自己準備退回許都時，荀彧不僅用當年劉邦和項羽在滎陽、成皋（音同高）相持的例子使曹操明白「**先退者勢屈**」的道理，而且預見性地告訴曹操「**必將有變，此用奇之時，不可失也**」。最終，死扛到底的曹操終於等來了奇襲烏巢這一反轉時刻。

其次，荀彧是個能幫曹操守住後方的人。

興平元年（西元一九四年），曹操東征徐州，荀彧留守兗州。面對張邈、陳宮的反叛以及呂布的進攻，面對全州只剩下鄄城、範縣、東阿三座城池可守的危險局面，荀彧硬是透過急召夏侯惇從東郡前來支援、派出程昱穩固範縣等方式，硬是堅持到了己方主力的到來。

建安元年（西元一九六年），曹操將天子迎奉到了許都。此後，荀彧經常以侍中守尚書令的身分「**居中持重**」，留守許都，處理朝政，如漢初的蕭何那樣，承擔起了「鎮國家，撫百姓，給饋餉，不絕糧道」的職責。

再次，荀彧是個能使曹操少犯錯誤的人。

興平元年冬，當曹操準備暫緩進攻呂布而掉頭進攻徐州時，正是荀彧的力勸，使曹操避免了兩線作戰的危險。建安元年（西元一九六年），當曹操在是否迎奉天子的問題上踟躕徘徊時，正是荀彧條分縷析的闡述，才使曹操沒有與天子擦肩而過。建安六年（西元二〇一年），當曹操準備停止進攻袁紹轉而討伐劉表時，正是荀彧對袁、劉狀況的一番分析，使曹操把握住了給袁紹致命一擊的機會。

最後，荀彧是個能為曹操引致英俊的人。

荀彧成為侍中守尚書令後，不再能夠經常隨同曹操外出征伐，隨時出謀劃策。於是，曹操便問荀彧：「誰能代替你為我出謀劃策？」這時，荀彧推薦了荀攸和鍾繇。接著，曹操用一封親筆信把滯留在荊州的荀攸召到了許都，用侍中尚書僕射這一職位使鍾繇成為荀彧的副手和自己的心腹。

除了荀攸和鍾繇，還有戲志才和郭嘉。最初，荀彧把戲志才推薦到曹操身邊做謀士，曹操對戲志才相當滿意。可是，沒過多長時間，戲志才卻不幸去世了。於是，曹操又寫信請荀彧推薦可以接替戲志才的人，並且指明要從汝、潁二郡中找。就這樣，荀彧向曹操推薦了郭嘉。

此後的事實證明，除了早故的戲志才，荀彧推薦的其他三人都是幫助曹操成就事業的中堅力量。鍾繇最大的貢獻是幫助曹操穩住了以馬騰、韓遂為首的關中各派軍閥，為曹操在其他方向上的征戰，提供了人力物力支援，這一點將在下一章詳述。還是先來看荀攸和郭嘉。

荀攸作為曹操的「謀主」地位是在二人剛見面的時候就確定下來的。與荀攸聊完後，曹操就高興地對荀彧和鍾繇說：「**公達，非常人也，吾得與之計事，天下當何憂哉！**」緊接著，荀攸（字公達）被任命為軍師。此後，無論是南征張繡還是東征呂布，不管是救援白馬還是決戰官渡，不論是擊破袁尚還是斬殺袁譚，荀攸都是最主要的參謀者。正如曹操在平定冀州後的上表中所說：「**軍師荀攸，自初佐臣，無征不從，前後克敵，皆攸之謀也。**」

相較而言，司空祭酒郭嘉並未像荀攸那樣始終跟在曹操身邊。但是，正如曹操在第一次見到郭嘉後所說：「**使孤成大業者，必此人也。**」沒錯，郭嘉的確是一個幫助曹操成就大業的人，每每在關鍵時刻，郭嘉總能促使曹操選擇正確的方向。

第一，郭嘉能夠促使曹操下決心。

建安三年（西元一九八年），曹操東征呂布。面對呂布軍隊的固守和自身士卒的疲態，曹操「**欲引軍還**」，然而郭嘉和荀攸卻勸曹操下定決心「**急攻之**」，結果在曹軍的持續進攻下，呂布被生擒。

建安十二年（西元二〇七年），曹操既想北征烏桓，又擔心劉表派劉備偷襲許都。這時，經過郭嘉一番關於河北和荊州形勢的對比，曹操最終下定了出兵烏桓的決心。在北征烏桓的路途中，面對崎嶇的道路和緩慢的行軍，正是郭嘉「兵貴神速」的建議促使曹軍輕裝前進，密出盧龍塞，取得了大破烏桓的戰果。

第二，郭嘉能夠促使曹操放寬心。

官渡之戰前夕，面對孫策即將渡江襲擊許都的傳聞，曹軍上下一片焦慮，但郭嘉卻認為孫策不僅不可能襲擊許都，而且獨來獨往的他「**必死於匹夫之手**」。正是這一判斷，使曹操放心地展開了對袁紹的軍事部署。

建安八年（西元二〇三年），正當兵臨鄴城的曹操在為要不要硬打袁尚、袁譚兄弟而猶豫的時候，正是郭嘉一番「**急之則相持，緩之而後爭心生**」的論斷，促使曹操放心地回到了許都。

正如曹操所說，「**每有大議，臨敵制變。臣策未決，嘉輒成之**」，郭嘉是一個比曹操更有判斷力、更有預見力、更有克制力並且更喜歡冒險的人。同樣如曹操所說，「**唯奉孝為能知孤意**」，「**奉孝乃知孤者**」，經過多年來「**行同騎乘，坐共幄席**」的親密相處，郭嘉（字奉孝）也成了最瞭解曹操的人。從另外一個角度講，郭嘉已經變成了另一半的曹操，一個比那個日理萬機的曹操更清脫、更清醒、更清晰的曹操。

然而，天不假年。就在曹操重創烏桓、一統北方的高光時刻，郭嘉卻在回師途中病故，時年三十八歲。對於郭嘉的死，曹操十分悲傷，不僅在郭嘉死後多次上表嘉許他的功績，而且多次對身邊的荀彧、荀攸表達自己的遺憾與落寞。

說了荀彧推薦的這些人才，再來說說這些被推薦者的一個共同特徵：他們都是潁川人。荀攸是潁陰荀氏的成員，並且是荀彧的侄子，雖然他的年齡比荀彧大六歲；

作為陽翟人，郭嘉很可能是陽翟郭氏家族的成員；鍾繇出身於長社鍾氏，而戲志才同樣是潁川人。

實際上，在荀彧長長的推薦名單中，還有許縣陳氏的第三代陳群。中原動亂後，陳群隨父親陳紀到徐州避難，曹操打敗呂布後，陳群在荀彧的推薦下，成了司空府的西曹掾屬。如此，除了已經沒落的舞陽韓氏和全數倒向袁紹的陽翟辛氏，荀氏的荀彧、荀攸，鍾氏的鍾繇，陳氏的陳群，再加上郭氏的郭嘉，潁川幾大家族的英俊都被曹操收入帳下。

據載，郭嘉在成為曹操的謀士之前，曾經北上拜見過袁紹，可是沒多久他就離開了。臨走前，他曾經對同為潁川人的辛評和郭圖說出了其中的緣由。

首先，郭嘉談到了自己的就業觀：「**夫智者審於量主，故百舉百全而功名可立也。**」睿智的人會審慎地考量他的主人，各項舉措都很周全才能夠揚名立萬。

隨後，郭嘉對袁紹的用人特點進行了分析：「**袁公徒欲效周公之下士，而未知用人之機。**」袁公只是想效仿周公禮賢下士，卻根本不知道使用人才的奧祕。

最後，郭嘉對袁紹的發展前景進行了預判：「**多端寡要，好謀無決，欲與共濟天下大難，定霸王之業，難矣！**」思慮多端卻缺乏要領，喜歡謀劃但缺少決斷，想和他一起拯救天下大難，成就霸王之業，太難了！

沒錯，最初的袁紹並不缺人才，但他並不知道「用人之機」，也更不懂得「以道禦之」。於是，無論是位於河南腹地的潁川，還是這片土地上的奇士，最後都成了曹操「無所不可」的資本。最終，袁紹那裡「**有才而不能用，聞善而不能納**」，曹操這裡卻出現了「**賢人不愛其謀，群士不遺其力**」的生動局面。

天下英雄

作為最瞭解曹操也最善於決斷的人，郭嘉幫助曹操拿了不少大主意，然而，郭嘉也有看不太清楚、拿不定主意的時候。

建安三年（西元一九八年），兩年前把落魄天子迎奉到許縣的曹操，如今又迎來了一位潦倒人物：劉備。

雖然困窘潦倒，但劉備卻是第一位投奔曹操的州牧級人物。興平元年（西元一九四年）深冬，徐州牧陶謙去世，三十四歲的劉備在眾人的擁戴下「**領徐州**」，正式登上了群雄逐鹿的舞臺。之後，本著對手的對手就是朋友的原則，曹操在建安元年（西元一九六年）表劉備「**為鎮東將軍，封宜城亭侯**」，支持他與袁術角逐。不久後，隨著呂布襲取徐州，劉備陷入了與袁術、呂布的三角混戰，起起落落之後，敗走的他歸附了曹操。

對於劉備的到來，曹操表現出了異乎尋常的熱情。他不僅「**厚遇之，以為豫州牧**」，使劉備有「**失之東隅，得之桑榆**」的滿足和寬慰，並且從此有了「劉豫州」的稱號，而且曹操還給糧給兵，讓劉備回到徐州收攏舊部，繼續與呂布對抗。

然而，即使這樣，劉備還是扛不住呂布手下大將高順的攻擊。見此情形，曹操派出大將夏侯惇前去救援，結果不僅「**不能救，為順所敗**」，而且連劉備的妻子兒女也成了高順的戰利品。看到「將對將」不理想，曹操於是「帥對帥」，親自東征，「**助先主圍布於下邳**」。結果，這一次不僅生擒了呂布，劉備也「**復得妻子**」。

按理說，在這次消滅呂布的過程中，劉備僅僅扮演了一個助攻的角色，而且是一個拖後腿的助攻。可是，消滅呂布之後，曹操卻表薦劉備為左將軍，對他「**禮之愈重**」，甚至與他「**出則同輿，坐則同席**」，親密到了不能再親密的程度。

看到主公如此厚待劉備，手下的謀臣們坐不住了，他們開始提醒曹操其中的危險，並勸他早點動手除掉劉備。程昱對曹操說：「**觀劉備有雄才而甚得其眾，終不**

為人下，不如早圖之。」還有人對曹操說：「**備有英雄志，今不早圖，後必為患。**」

程昱等人說的沒錯，劉備的確有志、有才，還得人心。

為什麼說劉備有「英雄志」？

因為如果沒有成為英雄的志向，少年失怙的劉備不可能在自家的大樹下玩著玩著，就說自己以後要乘坐如樹冠般寬大的羽葆蓋車——要知道那可是皇帝的專車。

同樣，如果沒有「英雄志」，劉備不會在經歷了安喜尉、下密丞、高唐尉、高唐令如此多低級崗位以及跟校尉鄒靖討黃巾、隨都尉毌（音同慣）丘毅募兵、投中郎將公孫瓚之後，還能繼續出走，尋找更美好的詩和遠方。這一切，都是「終不為人下」的表現。

為什麼說劉備有「雄才」？

首先，劉備善於克己，有自制力。據載，青年時代他就「**少語言，善下人，喜怒不形於色**」。

其次，劉備善於治理，有領導力。據載，劉備在平原相的任上，「**外禦寇難，內豐財施**」，不僅確保了平原國的軍事安全，而且增強了其經濟實力，劉備的治理能力可見一斑。

最後，劉備善於結交，有影響力。早年，他在家鄉涿郡「**好交結豪俠，年少爭附之**」，結果大商人張世平、蘇雙「**見而異之**」，「**乃多與之金財**」，大力資助，由此劉備得以「**合徒眾**」，招募到了關羽、張飛等豪傑。自從有了關、張二人，劉備與他們「**寢則同床，恩若兄弟**」，而關羽、張飛則不僅「**稠人廣坐，侍立終日**」，始終保持對劉備的尊重和服從，而且「**隨先主周旋，不避艱險**」，無論再苦再難，都認定了這位大哥。

後來，當北海相孔融被黃巾軍包圍時，劉備毅然前往救援，因此獲得了孔融的感激和認可。再後來，當徐州牧陶謙被曹操猛攻時，劉備又奔了過去。結果，劉備不僅在陶謙去世後成了徐州之主，而且收穫了一眾名士和豪族的青睞。據劉備後來向諸葛亮回憶，那時他經常「**周旋陳元方、鄭康成間，每見啟告，治亂之道悉矣**」，他在徐州時與來此避難的潁川名士陳紀（字元方），和經學大師鄭玄（字康成）聯繫熱絡，時常在一起討論古今治亂之道。

不僅外來的名士認可劉備，徐州本地的豪族更是對他推崇備至。「**僮客萬人，貲產鉅億**」的徐州首富麋竺，不僅傾力擁戴劉備成為徐州之主，而且之後一路追隨，在劉備最窘迫的時候不僅提供「**奴客二千**」和「**金銀貨幣以助軍資**」，甚至讓自己的妹妹嫁給劉備當夫人。而另一位大家公認「驕而自矜」的徐州豪族陳登，就算歸附了曹操後，依然公開表態：「**雄姿傑出，有王霸之略，吾敬劉玄德**」。

看完上面這些，對於為什麼說劉備「甚得其眾」，就沒必要多說了。同樣，看完上面這些，對於程昱等人為什麼說要「早圖」劉備，也沒必要多說了。然而，曹操聽到這些建議後，卻說了這樣一句話：「**方今收英雄時也，殺一人而失天下之心，不可。**」如今正是廣為收攬英雄的時候，因為殺掉一個劉備而失去天下人心，這不行。

雖然只是一句話，卻清晰地揭示出了曹操的思維脈絡。此時，在荀彧當初為曹操規劃的「從民望」、「服雄傑」、「致英俊」的那盤大棋局中，劉備不僅是一顆對抗呂布和袁術的棋子，還是雄傑的代表；並且，劉備並不是一般的雄傑，還是可以藉此收服其他雄傑的雄傑，是截至當時曹操「服雄傑」的最大成果；同時，由於劉備「甚得其眾」，對他的安置還關係到「從民望」、「致英俊」這樣「天下之心」的大問題。如此看來，能「早圖」嗎？

實際上，不僅曹操不願「早圖」，就連作為「另一半曹操」的郭嘉，此時也頗為猶豫。史書中關於郭嘉對此事的看法，存在兩種完全不同的記載。《魏書》記載，郭嘉認為，如果對劉備「**以窮歸己而害之，是以害賢為名，……公誰與定天下？**」曹操既不能因殺劉備而背上「害賢」的罵名，更不能因此斷了潛在歸降者的來路。可是，另據《傅子》記載，郭嘉卻覺得，「**備終不為人下，其謀未可測也。古人有言：『一日縱敵，數世之患』。宜早為之所**」。

一個郭嘉，兩種觀點，與其說史書記得不準確，倒不如說事主自己的態度不明朗。要知道，在當時那樣一個「**招懷英雄以懷大信**」的關鍵時刻，殺與不殺還真是個大難題。

按理說，既然「劉備是英雄」所以不能「早圖」也就罷了，但曹操卻親口把「劉備是英雄」這一評定透露給了劉備本人。據《三國志．蜀書．先主傳》記載，在一次二人的餐敘中，曹操曾經「從容」地對劉備說：「**今天下英雄，唯使君與操耳。本初之徒，不足數也。**」若論誰是天下英雄，就我們倆夠格，袁紹（字本初）那幫人根本不作數。

曹操這句話講得很「從容」，但聽者劉備此時卻十分不淡定，正吃著飯的他，嚇得一下子就把筷子掉到了地上。好在這時天上電閃雷鳴，調整心緒後的劉備用一句「**聖人云『迅雷風烈必變』，良有以也。一震之威，乃可至於此也！**」成功地掩飾了自己慌張的動作和神情。

臉色變了，筷子掉了，這些並不是一陣風雷造成的，而是曹操一句心裡話引發的，但「一震之威」在劉備那裡形成的心理陰影卻揮之不去。曹操是什麼人？那可是天下公認的「雄」者，而且這個「雄」字前面還帶了一個「奸」字。

早在曹操的青年時代，汝南名士許劭就認為他是「治世之能臣，亂世之奸雄」，如今正逢亂世，曹操這樣一個奸雄能容得下一個與自己等量齊觀的英雄嗎？

當然，關於許劭的那句論斷，還有另外一種說法：「**君清平之奸賊，亂世之英雄**。」按照這一說法，也許在如今這樣一個亂世，曹操這個英雄還能容得下另一個英雄，但若今後到了清平之世呢？那時一旦曹操從英雄變成了奸賊，還會對他這個英雄「禮之愈重」嗎？再說了，到那時就算曹操還與自己「出則同輿，坐則同席」，你還敢淡定地與他同出入、共坐席嗎？在不安之下，劉備參與了車騎將軍董承、長水校尉種輯、昭信將軍吳子蘭、偏將軍王子服等人的密謀，而密謀的內容就是如何誅殺曹操。

按理說，讓劉備知道自己是唯二的英雄也就罷了，曹操卻偏偏還讓這個英雄有了成為英雄的機會。建安四年（西元一九九年），一聽說窮途末路的袁術準備途經徐州北上投奔袁紹，曹操就開始考慮半路堵截袁術的人選了。經過思考比選，曹操覺得，無論是從瞭解對手的情況來講，還是從熟悉徐州情況的方面來說，主政徐州經年且多與袁術交手的劉備，都是執行這次任務的最佳人選。於是，曹操讓劉備帶著人馬踏上了從許都回徐州的征途。

然而，劉備前腳剛走，程昱和郭嘉後腳就聞訊跑來了。

「**劉備不可縱**」，曹操身邊的這兩大謀士異口同聲地說。

沒錯，按您說的，劉備不能「早圖」，但也不能早縱啊？您這一「縱」，恐怕連「圖」的機會都沒有了。

經二人這麼一提醒，曹操也後悔了，之前光考量人選的業務素質了，忠誠度反而放在了一邊，如今一細想，還真有點冒險。可是，就算自己再後悔，劉備也已經「**追之不及**」了，只能看形勢的發展了。

接下來，計畫中的那場截擊戰並沒有發生。袁術一聽說曹操派劉備來堵自己，就又跑回了壽春。更令人意外的是，劉備還沒到徐州，就傳來了袁術病亡的消息。袁術不打自亡當然是好事，但劉備趁機殺死了徐州刺史車冑，重新占據了徐州，這就不是好事了。

當時，正值曹操與袁紹對決的關鍵時刻，袁紹占據的河北早已是鐵板一塊，而曹操所在的河南卻三面受敵。撇開北面的袁紹，還有西面的馬騰、韓遂以及南面的劉表、張繡。在這個節骨眼上，竟然又在東面加了一個劉備，真有點危機四伏的感覺了，劉備的背叛說不定就將成為壓垮自己的最後一根稻草。不行，必須拔掉劉備這個給自己擋路的楔子！

然而，就在曹操準備東征劉備之時，手下眾將卻頗多顧慮——如今與您爭天下的是袁紹，他馬上就要從北面殺過來了，而您卻要向東出兵。如果袁紹此時從背後殺來怎麼辦？

面對眾將的擔心，曹操堅定地說：「**夫劉備，人傑也，今不擊，必為後患。袁紹雖有大志，而見事遲，必不動也。**」

如果當初曹操對劉備說的那句「今天下英雄，唯使君與操耳。本初之徒，不足數也」，是對劉備和袁紹的總體評價的話，那麼這句無疑算是在總體評價支撐下的一次具體判斷，真正可怕的是人傑劉備，而表面大志的袁紹肯定會按兵不動。

就這樣，曹操於建安五年（西元二〇〇年）正月出兵東征，並於當月返回，前前後後用了不足一個月的時間就把劉備趕跑了。隨後，曹操奔往黃河南岸的官渡，並在那裡贏得了與袁紹的那場生死對決。

從接受劉備歸附到不願意對他「早圖」，從親口對劉備說他是英雄再到派劉備去徐州邀擊袁術，從後悔放走劉備到閃電趕走劉備，在曹操這裡，劉備始終是個才下眉頭、卻上心頭的傢伙。事實上，不僅是劉備，就連他的部將關羽，在曹操這裡也是一個讓人既愛又恨卻終究無可奈何的存在。

關羽是在建安三年（西元一九八年）跟隨劉備一起依附於曹操的，也是在第二年年底跟隨劉備一起在徐州背叛的。然而，當劉備從徐州的小沛奔往袁紹的地盤上時，駐紮在徐州首府下邳的關羽卻沒有跟上劉備抹了油的腳步。於是，「**曹公禽（擒）羽以歸**」。隨之，二人的故事開始了。

或許正值用人之際，或許真心惜才愛才，抑或兩者兼而有之，總之，曹操不僅將關羽「**拜為偏將軍**」，而且「**禮之甚厚**」。實際上，不僅明面上直接示恩，私下裡曹操也間接示好。作為曹操的愛將、關羽的好友，張遼就曾經充當過二人之間溝通的橋樑。

然而，當張遼按照曹操的吩咐對關羽曉之以理、動之以情時，關羽卻說出了這樣一番話：「**吾極知曹公待我厚，然吾受劉將軍厚恩，誓以共死，不可背之。吾終**

不留，吾要當立效以報曹公乃去。」

關羽的話不長，但卻表達了四層意思：其一，我深知曹操厚待我；其二，即使這樣我也不能背叛劉備；其三，我終究是要走的；其四，我不會白白走掉，肯定會立功之後再走。

關羽並沒有食言，在不久之後的白馬之戰中，他匹馬單刀就摘了袁軍主將顏良的腦袋，由此他在曹營的日子也開始倒數計時了。對此，曹操當然心知肚明，於是封拜關羽為漢壽亭侯，並「**重加賞賜**」，只想讓那一天來得晚些，再晚些。

終於有一天，關羽「**盡封其所賜，拜書告辭**」，隨後直奔袁營而去。看著關羽留下的書信和物品，面對部屬們前去追趕的建議，曹操只吐出了八個字：「**彼各為其主，勿追也**。」

是呀！如果去追，那是追殺呢，還是追回呢？追殺吧，只怕又會落個害賢之名；追回吧，就算追得回關羽的人，追得回關羽的心嗎？如此，倒不如成就一下關羽的忠義和自己的豁達，順便也貢獻個成語：各為其主。

後來，有一個成語叫「欲擒故縱」，講的是為了捉住敵人而故意放縱敵人的意思。八、九年前，曹操並非刻意想「縱」走劉備和關羽，但是為了「擒」住袁紹和天下人心，他只能讓他們在神州大地繼續縱橫馳騁。如此說來，這也是一種「欲擒故縱」了，只不過，欲擒的是彼、故縱的是此而已。

如今，袁紹已滅，中原已平，天下將定，當然不用再有什麼擒與縱、此與彼的顧慮了。就這樣，曹操帶著消除遺憾的心態，踏上了南征之路。

汗流浹背

如果說，放走劉備和關羽是曹操留在外面的一個隱患的話，那自從曹操迎奉天子那天起，他就為自己在身邊埋下了一個大隱患。

在許多人眼中，漢獻帝劉協只是個任人擺布的傀儡。可是，很少有人知道，這個傀儡要是擺起架子、耍起性子來，不僅讓曹操始料不及，甚至還會「汗流浹背」。

事情的經過是這樣的。自遷都許縣以來，曹操對天子劉協一直百般呵護加千般提防，不僅宮中的侍從和衛士都是曹操的自己人，而且對於天子的一舉一動都密切關注。

有一個叫趙彥的人就撞到了槍口上。看到天子，議郎趙彥彷彿看到了希望，於是隔三岔五就向天子陳述時勢發展以及因應之策。對於這些，一心要壟斷天子使用權的曹操自然大感厭惡，索性就把趙彥給殺了。

過了一段時間，曹操在大殿上向劉協彙報國事，不知道是想起了被殺的趙彥，還是想起了自己的處境，劉協張口就來了一句：

「**君若能相輔，則厚；不爾，幸垂恩相舍。**」

意思是說，您如果願意輔佐我，那是您的厚恩高德，我感激不盡；如果不願意輔佐我，您就開恩把我捨棄，放我條生路吧。

也許劉協只是一句氣話，算是發發牢騷；也許劉協就是一句實話，好聚好散、和平分手，類似的話與李傕、郭汜也說過。

但是，此時此地、此情此景，卻著實把曹操給嚇到了。要知道，這可是在皇宮大殿之上，身邊都是手持利刃的虎賁武士。雖說這些人都是自己安插的，但是你怎麼知道劉協私下裡沒有做思想工作？你怎麼能擔保武士個個忠誠？何進死在何地？董卓亡在何處？想想真讓人不寒而慄。

於是，曹操頻頻行禮，請求告退（**俯仰求出**）。走出大殿，曹操「**顧左右，汗流浹背，自後不敢復朝請**」。太嚇人了，那地方不敢隨便再去了。

可是，不復朝請只是避免了在大殿上的「汗流浹背」，要避免宮殿之外的種種風險，要做的工作還多著呢！

實際上，類似的情況並不是第一次出現。

建安元年（西元一九六年），曹操奉迎天子定都許縣，面對這樣的大事喜事，肯定要大操大辦一番。聽說天子要「**大會公卿**」，饑寒交迫、顛沛流離的朝中群臣個個面露喜色，雖然還沒開宴，有人在期待之中甚至就已露出微醺之態了。

千呼萬喚之中，這次宴會的真正主角、匡扶漢室的大功臣曹操上殿了。望著群臣翹首跂踵的神情，曹操也不知不覺地有了些陶醉的感覺。是啊，沒有自己，這些人只怕還要繼續在洛陽城的殘垣斷壁間「披荊棘」、「自出采穭」呢，即使這樣，恐怕有些也會「或饑死牆壁間，或為兵士所殺」。

然而，當曹操穿過群臣，即將走到整個隊伍的盡頭時，他卻發現了一張面露不悅之色的臉孔以及這張臉上那難以捉摸的目光。

楊彪楊太尉怎麼了？莫非有什麼不良企圖不成？許都雖然是自己的地盤，但這大殿上的群臣並非都與自己一條心，此時此刻，作為朝中重臣、大族領袖，楊彪要對付自己就是一句話的事情。

想到這裡，曹操並沒有多作停留，還沒等開宴，他便以身體不適要去茅廁為由（**托疾如廁**），迅速離開大殿，直奔自己的軍營。

曹操離開後，大殿之上和許都城中，什麼也沒有發生。但沒發生危險，並不代表不存在風險，不久之後，曹操就免去了楊彪太尉和守尚書令的職務。建安二年（西元一九七年），袁術在壽春稱帝。曹操藉口楊彪娶了袁術的女兒，楊、袁二人存在姻親關係，推斷楊彪一定有勾結袁術、廢掉天子的圖謀，將楊彪下獄，並彈劾他犯了大逆不道之罪。後來，要不是孔融站出來與曹操硬拗，玩命為楊彪辯護，楊彪說不定就死在獄中了。

之後，楊彪雖然保住了性命，卻丟掉了官職。建安四年（西元一九九年），楊彪又被拜為太常，到了建安十年（西元二〇五年）這一職務又被免去。更狠的是，到了建安十一年（西元二〇六年），曹操甚至剝奪了所有因為祖上福蔭而封侯之人的爵位，楊彪自然也在其中。

從楊彪的起落沉浮之中，我們似乎可以隱隱看到曹操根據時局演變，而對漢獻帝身邊那些舊臣的政策變化。

建安元年，曹操剛把天子弄到許都，既要對朝中舊臣適度籠絡，同時又要樹立自己的權威，因此必須軟硬兼施，既不能過柔又不能太剛。

建安四年，曹操正面臨袁紹咄咄逼人的政治抨擊和軍事威壓，為了防止朝中舊臣明裡暗裡搞小動作，有必要用一些政治利益進行安撫。

建安十年，曹操完全平定了冀州，袁氏集團已經不再對自己構成任何實質性威脅，原先給那些朝中舊臣的，恐怕就要「拿了我的給我還回來，吃了我的給我吐出來」了。

到了建安十一年，隨著曹操軍事上的持續勝利，跟隨自己出生入死的文臣武將也到了大加封賞的時候，可是畢竟資源有限，在經濟凋敝的情況下，官職搞些增量倒還好說，爵祿僧多粥少，就只能彼長此消了。於是，曹操在這一年摘掉了許多「官N代」的爵位，下一年就「大封功臣二十餘人，皆為列侯，其餘各以次受封」。

對於曹操的這些心思，今天我們需要把一系列時間線連起來才能得出結論，可是回到當時，卻早就被一些朝中舊臣看得清清楚楚。

建安四年，在楊彪被拜為太常的同時，董承也從衛將軍變成了車騎將軍。車騎將軍是什麼概念？這可是金印紫綬、貴比三公、地位僅次於大將軍和驃騎將軍的頂級官職。從職責上講，車騎將軍在初設之時主要掌管征伐背叛，有戰事時乃拜官出征，事成之後便罷官。到了漢末則成了典京師兵衛、掌宮衛，並且統率戰車部隊的最高長官。

此時，董承不僅被拜為車騎將軍，而且被授予了開府的權力。他可以設置自己的幕僚機構。而根據漢朝的制度規定，車騎將軍可以設置的幕府屬吏有哪些呢？據《後漢書．百官志》記載，將軍的屬官包括「**長史、司馬皆一人，千石；從事中郎二人，六百石；掾屬二十九人；令史及御屬三十一人。又賜官騎三十人，及鼓吹**」。如果完全按此配置，龐大的幕僚機構完全可以與曹操的司空府等量齊觀、平起平坐了。

在董承成為車騎將軍之前，車騎將軍的職責一直是由曹操代行的，把天子迎到許都之後，曹操的職位一直是「**司空，行車騎將軍**」。如今，在曹、袁對決的這樣一個關鍵時刻，曹操卻讓出了這個掌管京城守衛並有征伐叛亂權力的重要職位，只能有一種解釋：要麼主動要麼被動，曹操向漢獻帝及他的擁護者們進行了讓步和妥協！

這一讓步和妥協只是權宜之計，對此，曹操這樣覺得，董承也這樣認為。因此，在職位上更上層樓的董承並沒有停下進取的腳步。一直以來，他都在祕密籌畫一套弄垮曹操的計謀。

董承原本是董卓女婿牛輔的下屬，當漢獻帝劉協踏上東歸洛陽的坎坷之路時，董承被任命為承擔護衛任務的安集將軍，路途之上董承把女兒送到天子身邊當了貴人，於是董承成了天子的老丈人。

近臣加外戚的身分，使董承一直以天子的守護人自居，並且多次使用「搬救兵」的方式保護皇帝化險為夷。東歸路上，面對李傕、郭汜等人的追殺，董承藉由招納白波軍將領李樂、韓暹以及南匈奴右賢王去卑，成功擊敗敵人，返回洛陽；在洛陽城中，面對韓暹居功自傲、擾亂朝政的行為，董承密召兗州牧曹操進京勤王，這才來到了許縣。如今，看到曹操大權獨攬，董承故技重施，又開始招攬人馬，對付這個新對手了。

所謂「名不正則言不順，言不順則事不成」，反曹必須師出有名。於是，董承拿出了「衣帶詔」。這是一份藏在衣帶中的密詔，密詔中天子劉協明確指示要誅殺曹操。如此，董承就可以奉詔殺賊。至於詔書的真假，那就只有董承和天子劉協知道了。

憑著這份密詔，董承成功地吸納了豫州牧劉備、偏將軍王子服、長水校尉种（音同蟲）輯、議郎吳碩等人，一場密謀活動如火如荼地在進行著。

不過，人算不如天算。不久之後，剛剛入夥的劉備藉著去徐州攔截袁術的機會，離開了許都，再也沒有回來。建安五年（西元二〇〇年）正月初九，董承的密謀洩露，隨後董承、种輯、吳碩、王子服甚至他們的族人都成了曹操的刀下鬼（**皆夷三族**）。這還不夠，為了斬草除根，曹操甚至提出要殺掉董貴人！要知道，她不僅是天子的寵妃，此時肚子裡還懷著天子的骨肉，這怎麼行？於是，天子劉協屢屢懇求。結果，董貴人還是追隨父親董承下了黃泉。曹操的這次誅殺相當程度上起到了殺雞儆猴的作用，朝臣之中沒有誰再敢輕舉妄動了。

一路走來，為了避開潛在的威脅，曹操可以「俯仰求出」，也可以「托疾如廁」，甚至可以將密謀者們「皆夷三族」。同時，為了監測預警，曹操甚至單獨建立了一支被稱為「校事」的隊伍，專門用來刺探百官的一舉一動。

然而，這一切只能使許都在表面上風平浪靜，卻難以消除私底下的暗流湧動。實際上，就在董承因「衣帶詔」之謀被殺不久，另一封密謀的書信就已經從皇宮中發出了。這封書信的主要內容就兩條，其一，控訴曹操的「**殘逼之狀**」；其二，讓收信人對曹操「**密圖之**」。

我們無法想像如果這封信在發出後不久被曹操看到他會如何處理，因為發出這封信的不是別人，而是皇后伏壽。當時，袁紹已經讓他手下的筆桿子陳琳在那封被後世稱為《為袁紹檄豫州》的檄文中，對曹操迫害楊彪、擅殺趙彥大加撻伐了，如今加上因父叛亂而受株連的董貴人倒還好說，如果再加上伏皇后，那就真正做實了檄文中所說的「曆觀載籍，無道之臣，貪殘酷烈，於（曹）操為甚」了。

實際上，伏皇后這封信的接收者、她的父親伏完，並未敢採取任何行動，直至伏完去世五年後，也就是在這封信發出十四年後的建安十九年（西元二一四年），這件事情才被洩露出來。

其實，當初最早發現漢獻帝巨大政治價值的並不是曹操一方，而是他的頭號敵人袁紹陣營。

早在初平二年（西元一九一年）袁紹剛剛取得冀州時，他的首席幕僚沮授就提出了「**迎大駕於西京，復宗廟於洛邑**」這一可能選項，並且認為透過迎天子，足以實現「**號令天下，以討未復，以此爭鋒，誰能敵之**」的宏大目標。

建安元年（西元一九六年），看到漢獻帝東歸洛陽，沮授又主動向袁紹建議：「宜迎大駕，安宮鄴都，挾天子以令諸侯，畜士馬以討不庭，誰能禦之。」

沮授的這兩次建議，內容大體一致，唯有一處不同是，之前是讓天子回到洛陽舊都，現在是把天子弄到鄴城新都，這樣就可以牢牢地把天子攥在手中了，同時也會使原本偏處北端的河北成為整個帝國的中心。

事實上，沮授主張迎奉天子的理由也足夠充分：

其一，袁紹家世代忠良，哪有不迎奉天子的道理？（**將軍累葉輔弼，世濟忠義。**）其二，諸侯忙著混戰內鬥，這是難得的時間視窗和戰略機遇，怎麼能不牢牢抓住？（**今朝廷播越，宗廟毀壞，觀諸州外托義兵，內圖相滅，未有存主恤民者。**）其三，迎奉天子將擁有絕對的政治優勢，到時居高臨下，師出有名，誰還能阻擋？（**且今州城粗定，宜迎大駕，安宮鄴都，挾天子以令諸侯，畜士馬以討不庭，誰能禦之！**）

如果袁紹就此將沮授的建議付諸實施的話，估計就沒曹操什麼機會了。然而，就在袁紹怦然心動之際，袁紹手下的郭圖和淳于瓊卻堅決反對。

沮授的理由有三條，郭圖、淳于瓊的理由同樣不少。

其一，漢家天下已經覆水難收，復興沒那麼容易。（**漢室陵遲，為日久矣，今**

欲與之，不亦難乎！）

其二，中原逐鹿，實力最重要。**（今英雄據有州郡，眾動萬計，所謂秦失其鹿，先得者為王。）**

其三，天子來了礙手礙腳，何必自找麻煩。**（若迎天子以自近，動輒表聞，從則權輕，違之則拒命。非計之善者也。）**

迎或不迎，這是個問題。兩種立場，兩套理由，從袁紹內心而言，他更傾向於哪種呢？

袁紹的答案是：不迎。

首先，漢獻帝不是自己屬意的天子，自己還曾經謀劃用幽州牧劉虞來替代他，如今又要迎奉，不是自己打自己的臉嗎？

其次，作為名重天下、聲望僅次於天子的人物，袁紹的真實的想法是「坐二望一」，取而代之。為此，他不僅不想迎奉天子，還巴不得天子有個三長兩短呢！

最後，「迎大駕」這件事情太麻煩，不僅稍有怠慢就會引起天子的不滿，引發內部的動盪，而且還會落入其他諸侯的口實，搞不好就會像董卓那樣成為群雄圍攻的箭靶，這種內外都不安全的事，幹不得！再說，自己現在已經手握重兵，名重天下，再去給自己找個主子，犯不著！

就這樣，天子與河北擦肩而過。

不過，正如袁紹陣營當年分析的，天子並非有百益而無一害，在把「挾天子以令不臣」的機會讓給了曹操的同時，袁紹也把「動輒表聞」的繁瑣和「從則權輕，違之則拒命」的難題留給了曹操。

見識了天子劉協的「**不任其憤**」，看到了重臣楊彪的「**不悅**」，粉碎了國舅董承的密謀，曹操逐漸明白：再縝密的籠子最多也只能做到令對手不能作亂、不敢作亂，卻無法做到讓他們不想作亂。要想從根子上斷了對手的念想，只有逐步取代甚至最終消除那個反對者們心中的圖騰：天子，以及他所代表的漢室。

於是，曹操決定拾級而上。

五德終始

大約在建安十三年春夏之交，曹操做出了一個比罷免司徒趙溫還要震撼百倍的政治舉動：「罷三公官，復置丞相、御史大夫」。具體來說，就是不再設置太尉、司徒、司空這些三公職位，而是重新設置秦朝創立、漢初沿襲的丞相、御史大夫等職位。

很明顯，這是曹操為加強自身權力而使出的關鍵一招。雖然自楊彪之後，再沒人擔任太尉一職；雖然罷免趙溫之後，曹操也沒有再安排新的司徒人選。但是，只要存在三公官制，就總會有人惦記，不管這個人是金彪、銀彪、鐵彪，還是張溫、王溫、李溫；只要三公分立，曹操的權力就始終會受到約束和掣肘，無論他擔任的是司空、司徒還是太尉。

再者說，自建安元年（西元一九六年）以來，雖然在軍事上持續「**夷險平亂**」、「所征必克」，雖然食邑已經高達三萬戶，但曹操在朝廷的職位不僅始終止步於司空，甚至連最初的「行車騎將軍」也讓給了董承，這一切已經與他的實際地位嚴重不符。

建安十三年初，從柳城遠征歸來的曹操，專門對荀攸說了這樣一番話：「**今天下事略已定矣，孤願與賢士大夫共饗其勞。昔高祖使張子房自擇邑三萬戶，今孤亦欲君自擇所封焉。**」如今天下的事已經基本安定了，我很想與賢士大夫們分享勝利果實。從前漢高祖劉邦讓謀士張良自己選擇食邑，如今我也想讓你自己挑。

實際上，曹操不只對荀攸，他對手下的所有功臣，都是慷慨的，早在一年前他就「大封功臣二十餘人」。現在，既然已經有了「今天下事略已定矣」這樣的戰略判斷，難道不應該犒勞一下自己嗎？更何況，如今的制度體制已經成了一種束縛。

那麼，如何擺脫束縛？最好的辦法就是制度再造。

如何制度再造？最好的辦法就是舊瓶裝新酒。

於是，已經消失二百多年的丞相和御史大夫這一職位又重新出現在了廟堂之上。原本，司徒主持朝政，太尉執掌兵馬，司空監督百官，三公各司其職，相互制約。如今，只設「**掌丞天子助理萬機**」的丞相和「掌副丞相」的御史大夫了，御史大夫雖然仍負有監察百官之責，但卻不再配置侍御史等僚屬，已經實實在在地在制度上成了丞相的副手。不過，即使這樣，曹操在自己成為丞相的時候，也並不著急任命御史大夫，而是慢慢悠悠地又拖了兩個半月。

其實，人臣之中還有比丞相更高的職務：相國。西漢初年，蕭何、曹參、樊噲等人擔任的就是相國；董卓專權時，給自己安的也是相國的頭銜。實際上，丞相一職最初在戰國設立時是作為相國的副手出現的，只是由於相國時設時廢，丞相才漸漸成為百官之長。然而，曹操並沒有使用相國這一官稱，一則，相國最早出現在戰國時代，時間太過久遠不說，當時的管理範圍也就是一個諸侯國；二則，曹操絕不想讓人聯想到，也更不想成為第二個董卓。

制度設計上頗顯心思，時間點的選擇更是煞費苦心。

關於罷三公置丞相的過程，《三國志．魏書．武帝紀》是這樣記載的：「**漢罷三公官，置丞相、御史大夫。夏六月，以公為丞相。**」

這句話不是很平常嗎，難道還有什麼玄機不成？

沒錯，當然有玄機。注意了沒有，朝廷作出罷三公、置丞相這一制度安排與曹操正式擔任丞相這一職位，中間存在一個時間差。何時進行的制度變更，史書中並沒有交代，但對於曹操何時就職，卻說得明明白白：夏六月。

為什麼不能把改官職和履新職放到一起？從正月罷免趙溫，到六月就職丞相，一向風馳電掣的曹操這次怎麼如此耐得住性子？答案就在這個「夏六月」上。

戰國時期，一位名叫鄒衍的陰陽家以五行相克理論為基礎，提出了一種叫作「五德終始說」的王朝更替學說。所謂「五德」，就是金、木、水、火、土這五行所代表的五種德行；所謂「終始」，就是「五德」周而復始的迴圈運轉。鄒衍的這一學說，一經實現大一統的秦始皇採納，就成為之後每一個政治集團，證明自身合法性所必須面對的重大問題，而所謂「奉天承運」中的「承運」，就是「五德終始說」的「德運」。

按照鄒衍五行相克的說法，即土克水、木克土、金克木、火克金、水克火的規律，虞為土德，夏為木德，商為金德，周為火德，秦為水德。不過，到了兩漢之間的新莽時期，劉向父子又把五行相克改成了五行相生，即：木生火、火生土、土生金、金生水、水生木。相應地，王朝的德行也變成了虞為土德，夏為金德，商為水德，周為木德，漢為火德。按這一邏輯推導，取代漢朝的應當是土德。

在五行之內，鄒衍構建了一個邏輯自洽的體系，後世學者雖然可以把「相克」變成「相生」，但終究也是在其中打轉。可是，一旦跳出五行這一物質範疇，把它放入春、夏、秋、冬這一時間範疇中，這一學說就面臨挑戰了。循環往復的「五行」如何去解釋同樣周而復始的「四時」變化呢？

這一點，倒也難不倒鄒衍。很快，鄒衍就以五行理論為基礎，於一年四時之中又增加了一時，而成為五時，而這新增的一時就叫作「季夏」。至於季夏的具體時間段嘛，顧名思義，就是夏季的最末一個月：季月，即農曆六月。

一旦「四時」變成了「五時」，其與「五行」的對應關係也就出來了：春天是木德，木色為青；夏天是火德，火色為赤；季夏是土德，土色為黃；秋季是金德，金色為白；冬季是水德，水色為黑。

按照這種邏輯關係，取代火德的自然是土德，而土德對應的毫無疑問是季夏。如此看來，曹操耐著性子在驕陽似火的「夏六月」去就任丞相，難道僅僅是巧合嗎？對於曹操來說，就任丞相，不僅是對自己多年來軍事成果的政治變現，而且也是自己繼續攀登權力新高度的必經一階。

要把這一階踏穩，就必須確保許都的絕對穩定。為此，曹操命令張遼駐軍長社，于禁駐軍潁陰，樂進駐軍陽翟，這三個地方都距離許都不遠，表面上他們是要進軍荊州，實際上卻是為了維持許都乃至潁川郡的秩序。

原本張遼、于禁、樂進都有些意氣用事，彼此「**多共不協**」，這一次，曹操不僅同時把他們三人調來，而且還親自指派司空主簿趙儼「**並參三軍**」，遇到事情就從中調解開導，為的就是萬無一失。實際上，在趙儼的「**訓諭**」下，三將也「**遂相親睦**」。

然而，即使這樣，還是出了意外。

當張遼按命令準備開拔前往長社時，軍中卻突然發生謀反。半夜，營中燃起了大火，攪得「**一軍盡擾**」。

好在張遼異常鎮定，他對左右說：「不要亂動！不是全營的人都想造反，這只是少數叛亂分子在製造混亂，想故意擾亂軍心。」

隨後，張遼下令：「只要是不想叛亂的，一律待在原地不要動。」一邊下令，張遼一邊率領數十名親兵站到了大營的中央。沒多久，全軍都安定了下來。

隨即，真正的叛亂者現了形，接著被一一處死。

此後，全軍上下再也沒有發生任何騷動。

一旦把進位丞相這一階踏穩，曹操就開始擴充幕府了。在原有司空府幕僚團隊的基礎上，一個更新的、更大的丞相府團隊建立起來。

冀州別駕從事崔琰，被任命為丞相東曹掾，原先擔任司空東曹掾的毛玠，也轉為丞相東曹掾，他們二人共同負責官員的選拔任用。委任崔琰為東曹掾時，曹操還專門為他頒布了一道教令，該令全文如下：

「**君有伯夷之風，史魚之直，貪夫慕名而清，壯士尚稱而厲，斯可以率時者已。故授東曹，往踐厥職。**」您有伯夷的風範、史魚的剛直，貪者因為仰慕您的大名而變得清廉，壯士因為崇拜您的聲譽而勉勵自己，您完全可以做時代的表率了。正因如此，我才授予您東曹掾的職務，您趕快上任吧。

伯夷作為殷商貴族，在商朝滅亡之時和他的兄弟叔齊，不僅謝絕周武王的招納，而且「**恥食周粟**」，最終餓死在首陽山。對於伯夷的氣節，周朝的開國功臣姜子牙稱讚「**此義人也**」，孔子稱讚為「**古之賢人也**」，孟子稱讚為「**聖之清者也**」。

史魚作為春秋時衛國的大夫，為了勸諫國君衛靈公近賢人遠小人，臨死前硬是讓兒子在自己死後，把屍體放在窗戶下面以警示衛靈公。對於史魚這種剛直「屍諫」的做法，孔子稱讚道：「**直哉史魚，邦有道如矢，邦無道如矢。**」

能夠兼伯夷、史魚於一身，崔琰的品行可見一斑，曹操對崔琰的期待更可見一斑。

如果說崔琰「**高格最優**」的話，那毛玠的品德也是「**清公素履**」，而有了這種高道德標準的人物主持官員人事，他們所選拔的自然也都是「**清正之士**」，而非那些名不副實的人。而有了崔、毛二人這種「**拔敦實，斥華偽，進沖遜，抑阿黨**」的選人用人導向，天下的士大夫也個個「**以廉節自勵**」，就連那些「**貴寵之臣**」在穿衣、乘車方面也遵規守制，不敢有任何鋪張；至於那些高階官員更是低調得很，一個個蓬頭垢面，衣著破爛，獨自乘車時只敢使用簡樸到不能再簡樸的柴車；而到了那些低階的文武官吏那裡，更是到了徒步上下班的程度。

官員們尚且如此，民間更是不敢奢華張揚，於是「**吏潔於上，俗移於下**」，曹操治下的朝廷一幅勤儉節約、勵精圖治的景象。知道了這些情況後，曹操不由地感歎：「**用人如此，使天下人自治，吾復何為哉！**」能把選人用人做到這種程度，讓天下人都自己管好自己，我還有什麼事能做呢！

表面看，曹操是在誇崔琰和毛玠，實際上卻是在表揚自己，畢竟這兩位東曹掾都是自己任命的嘛！忠實體現的也是自己的用人導向嘛！再說了，就算天下自治讓自己在治理方面「失了業」，遠方的疆場也等待著自己呢！

東曹掾選對了人，其他掾屬也馬虎不得。隨之，一大批英俊進入了丞相府，這其中甚至還有一對親兄弟：司馬朗和司馬懿。

三十三歲的司馬朗是從元城縣縣令調任丞相府主簿的。作為河內郡司馬家族的長子，這已經不是他第一次在曹操的幕府中任職了。早在二十二歲時，他就已經被曹操任命為司空掾屬。如今十多年過去，經過了多個地方縣令和縣長崗位的歷練，不僅他的行政能力有了很大提高，而且在地方贏得了頗佳的官聲。

據載，司馬朗在成皋擔任縣令時，因為施政懷柔，「**治務寬惠**」，治下的成皋百姓反而變得遵規守紀，「**民不犯禁**」。更令人不可思議的是，有一次朝廷徵調戰船，之前已經遷徙到京城的一些成皋百姓聽說後，唯恐司馬朗不能如期完成任務，竟然成群結隊地返回成皋幫忙造船。官民關係緊密到了換位思考、主動擔待的程度，想來除了司馬朗也是沒有誰能做到了。

與哥哥司馬朗欣然應徵不同，面對曹操的征辟，司馬懿最初的表現是拒絕。建安六年（西元二〇一年），二十三歲的司馬懿被河內郡舉薦為上計掾，也就是專門赴上級單位或京師彙報工作、呈遞各類統計報表的官吏，對於州郡中的士族子弟而言，被舉薦為上計掾或者孝廉似乎是一個必經過程。然而，不知道是因為家族的名望還是因為個人的名聲，郡裡舉薦沒多久，司空曹操也直接對他進行了征辟。不過，此時的司馬懿雖然知道「**漢運方微**」，但依然無意「**屈節曹氏**」，因此就以自己患有痛風、行動不便為由，婉拒了曹操。就這樣，司馬懿在家鄉又待了下來。

如今，已經成為丞相的曹操，再次對司馬懿進行了征辟，並且讓使者帶話：「**若復盤桓，便收之**。」你如果再盤桓推脫，磨磨蹭蹭，就不是來征辟你，而是來收捕你了。這種情況下，司馬懿「**懼而就職**」，成了曹操手下的文學掾。

單看史書上的記載，司馬懿似乎是因為害怕而被迫出仕的；實際上，卻不排除司馬懿自身更深層次的考慮。

在司馬懿眼中，建安十三年，無疑是天下走勢的轉折之年。這一年，曹操不僅志得意滿地就任了丞相一職，而且自信滿滿地啟動了對南方的征伐。曹操能否飲馬滄海、一統河山，司馬懿不知道，但曹操對於大漢朝廷和北方地區的絕對控制，已經成了無可顛覆的事實。

在司馬懿眼中，建安十三年，還是個人發展的新起點。這一年，三十歲的他剛剛有了第一個兒子司馬師，修身、齊家、治國、平天下，自己不僅要從個人打算，似乎也要為子孫後代留下點什麼。

如果說，曹操的脅迫給司馬懿帶來的是「順我者昌，逆我者亡」的恐懼感，那麼大局走向的明朗則給了司馬懿一種時不我待的緊迫感。在這種情況下，司馬懿半推半就地走進了曹操的幕府，成了丞相府的文學掾。

兄弟二人同時進入丞相府，在外人看來，似乎有些非同尋常。而要追尋這非常之事背後的淵源，則需要從三十四年前的一件往事聊起。

熹平三年（西元一七四年），在朝廷擔任郎官的曹操，一直期望能夠被安排到地方任職，並且他最屬意的崗位是洛陽令。

漢光武帝劉秀時期，有一位叫董宣的洛陽令，因為不畏權貴贏得「臥虎」和「強項令」的稱號。「臥虎」說的是董宣執法公正，嚴峻如虎，以致衙前無人再擊鼓鳴冤的事蹟；「強項令」說的是董宣不畏強權，冒死抓捕湖陽公主的家奴，到了光武帝劉秀面前也死不低頭認錯的故事。

此刻，曹操想當洛陽令，八成也是想幹出一番驚天動地、名垂青史的大事情來。於是，曹操找到了洛陽令的上司京兆尹司馬防，請他予以關照幫忙。

應該說，曹操很會找人。當時，司馬防不僅是京兆尹，而且是朝廷中負責錢糧等財政事務的尚書右丞，只要他願意幫忙，應該說問題不大。實際上，面對曹操的請托，司馬防不僅沒有推辭，而且積極向負責官員選任工作的選部尚書梁鵠（音同胡）進行了推薦。

然而，梁鵠一開始並沒有接受司馬防的推薦。那時，對於曹操少年時「**任俠放蕩，不治行業**」的行為，「**世人未之奇也**」，連群眾都不認可，更別說專門負責選官的梁鵠了。

一次推薦無效，司馬防進行了二次推薦。退而求其次，這次司馬防推薦曹操為洛陽北部尉，也就是洛陽北部地方負責治安的長官。

按理說，作為侯任郎官，被安排為縣令、縣丞、縣尉都是正常的，再說，洛陽令作為首善之區的一方長官，讓一個嘴上剛長毛的任俠放蕩之士擔任，確實有風險。相比之下，讓一個有些旁逸斜出的青年去管管容易旁生枝節的治安問題，不僅更放心，對他本身也是一種修行和歷練。因此，梁鵠最終接受了司馬防的推薦。就這樣，二十歲的曹操在洛陽北部尉的崗位上開啟了自己的仕宦生涯。

雖然沒有如願當上洛陽令，但曹操在北部尉任上同樣大放異彩。一上任，曹操就祭出「殺」字訣，讓人製作了一種塗上了紅、黃、綠、白、黑五種顏色的棒子，在左右兩扇大門上各懸掛十幾支，隨之宣布，凡有觸犯法律禁令的，不管貧富強弱，一律棒殺。不久，年輕的曹操就棒殺了膽敢違禁夜行的大宦官蹇（音同檢）碩的叔叔，從此「**京師斂跡，莫敢犯者**」。

曹操的這一行為，沒有如董宣那樣贏得「臥虎」或「強項令」的名聲，但他所懸的「五色棒」卻成了執法嚴正的代名詞，進而也引得不少後世之人的追慕與評論。唐朝李商隱有詩：「**蒼黃五色棒，掩遏一陽生**」，北宋梅堯臣有詩：「**休將五色棒，欲取洛陽名**」。

曹操明白，雖然當年未能如願，但自己當時的作為都與司馬防的推薦有關。於是，如今已是丞相的他，把司馬防的兒子們召入了府中。

兄弟二人同時進入丞相府，一個是負責日常事務的主簿、一個是負責禮儀教化的文學掾，一個年長且經驗豐富、一個年幼且毫無經驗，按理說，司馬朗應該更被眾人看好。然而，東曹掾崔琰卻不這樣認為。

在一次與司馬朗的聊天中，崔琰直截了當地說：「**子之弟，聰哲明允，剛斷英跱，殆非子之所及也。**」你的弟弟聰敏明哲又誠信，剛毅果斷又傑出，恐怕不是你能比得上的。

那時，崔琰與司馬朗既是同事，又是很好的朋友，要不是十分篤定，想必是不會說出口的。

對於崔琰的這一判斷，司馬朗並不認可，而崔琰卻「**每秉此論**」，一直堅持。

據載，司馬防一共有八個兒子，按照長幼依次為長子司馬朗，字伯達；次子司馬懿，字仲達；三子司馬孚（音同浮），字叔達；四子司馬馗（音同葵），字季達；五子司馬恂（音同巡），字顯達；六子司馬進，字惠達；七子司馬通，字雅達；八子司馬敏，字幼達。因為兄弟八人的表字中都有一個「達」字，於是被人稱為「司馬八達」。

此時，曹操把司馬朗、司馬懿召入府中，看起來數量不少，但與司馬防家族的人才儲備相比，似乎又算不了什麼了。實際上，一段時間之後，司馬防的三子、「溫厚廉讓，博涉經史」的司馬孚，也成了曹操兒子曹植身邊的文學掾。

覆巢之下

「罷三公官，置丞相、御史大夫」是曹操在權力布局上的大動作，夏六月初九，曹操就任丞相，而御史大夫人選郗直到八月二十四日才浮出水面，二者足足差了兩個半月。時間上的間隔倒在其次，名望上的落差更是令人大跌眼鏡：名不見經傳的光祿勳郗慮，竟然成了朝堂上僅次於曹操的人物！

如果說，郗慮的晉升讓人張大嘴巴的話，那五日後對於孔融的處決，則讓大家都緊閉雙唇了。不久前，前者是九卿之一的光祿勳，後者是九卿之一的少府，二人在政治地位上算是平起平坐，孔融更是在政治影響和學術聲望上將郗慮甩得遠遠的。而如今，怎麼會一個人到了九天之上，另一個人則到了九泉之下了呢？

這首先要從孔融的背景經歷和性格特點說起。

作為孔子的二十世孫，孔融有著豐富的宦海經歷。早在漢靈帝時期，孔融就被司徒楊賜辟為掾屬，後來又被大將軍何進征辟為侍御史，被董卓任命為議郎，接著又外放為北海相。漢獻帝到達許都後，孔融被徵召為將作大匠，隨後被任命為少府。一路走來，孔融算得上閱歷豐富、見多識廣了。

可是，就算經歷了如此多時段的變遷和多崗位的鍛鍊，孔融的性格卻始終如一，從未改變。那麼，孔融又有哪些性格特點呢？

其一，天生儒士。孔融天性好學，博聞強識，加之又是孔子的後代，自然是一個崇尚儒學的標準文人士大夫，相應地也熱衷於用儒家理念去進行政治治理。就拿他擔任北海國國相來說，除了剛上任時「**收合士民，起兵講武**」，之後孔融的主要精力都放在了「**立學校，表顯儒術，薦舉賢良**」上面。據載，孔融為了表示對鄭玄這一當世大儒的崇敬之情，竟然把鄭玄家鄉高密縣的一個鄉命名為「鄭公鄉」；對待在世者甚厚，對待已逝者也不薄，孔融命人把甄子然、臨孝存等已故儒者的牌位擺放在縣裡的社廟中，接受百姓的祭祀。

更體現孔融儒家做派的是他的臨危淡定。建安元年（西元一九六年），北海國遭到了袁譚的進攻，從春天打到夏天，最後孔融手下的兵只剩下數百人了，甚至連府衙周圍都已經到了「**流矢雨集，戈矛內接**」的危急程度。然而這時，孔融依舊「**隱幾讀書，談笑自若**」。到了夜裡，城池陷落，孔融才獨自奔逃，連妻子兒女都成了袁譚的俘虜。為了讀書而置城池和妻兒於不顧，想來也是沒誰了。

其二，天下甲冠。除了儒學水準，孔融的人格節操也堪稱楷模。孔融十三歲時，父親孔宙去世，由於悲痛過度，年輕的孔融需要別人扶著才能站起來，為此，州郡之人無不稱讚他的孝行。

對父親有感情，對朋友同樣不薄情。在孔融十六歲那年，名士張儉因得罪大宦官侯覽而被通緝，因此跑到了孔家躲避。原本，張儉是想來投奔自己的好友、孔融的哥哥孔褒的，但不巧的是，孔褒此時卻出門在外，家中只有孔融一個人。面對還是孩子的孔融，張儉面露窘色，欲言又止，結果孔融卻大大方方地說：「我兄長雖然不在，難道我就不能招待你嗎？」就這樣，張儉留在了孔家。

後來，事情洩露，張儉雖然僥倖逃脫，但孔融家卻遭了殃。面對問訊，孔融搶先說：「收容匿藏張儉的是我，要論罪也是我有罪。」孔褒接著說：「張儉來找的是我，有罪也在我，與我弟弟沒關係。」而當官吏詢問二人的母親時，孔母卻說：「家裡都是年齡大的當家，罪責在我。」一家人爭著赴死，尤其是年輕的孔融首先往自己身上攬，這種氣節令人感佩。

經過這件事情，孔融「**由是顯名**」，小小年紀就與平原國的陶丘洪、陳留郡的邊讓等名士齊名。後來，隨著孔融入朝為官，名氣更是越來越大。

其三，天資聰穎。史書中，關於孔融才思敏捷的故事不勝枚舉。十歲的時候去拜訪有天下楷模之稱的高官李膺，沒想到連門都進不去。急中生智，孔融一句「我是李君家的世交」，不僅騙過了看門人，而且弄得李膺也摸不著頭腦。結果，孔融又一句「當年我的祖先孔子問道於你的祖先老子，二人亦師亦友，我們難道不是世交嗎？」搞得在場的人無不嘆服。

在李膺家，孔融的表演還沒到高潮。之後到來的太中大夫陳韙（音同偉），聽了孔融剛才的智慧回答後，不以為然地說了句「**小時了了，大未必佳**」，意思是，別看他小時候了得，長大後就不一定了。聽了這句話，孔融不假思索地回敬了一句「**想君小時，必當了了**」，回敬陳韙，想必你小時候一定相當了得，要不然為什麼現在不行了呢！

小時候與大人聊天，孔融毫不遜色，長大了參加朝廷議事，孔融更是「**引正定議**」，常常左右朝廷決策的方向。

朝廷在許都安頓下來以後，已故太傅馬日（音同密）磾（音同低）的棺槨被運了過來，因為馬日磾是在出使關東期間受袁術脅迫才嘔血身亡的，大多數朝臣認為應該進行厚葬。可是，經過孔融一番宏論，馬日磾在袁營的活動被定性為「**曲媚奸臣**」，別提厚葬了，不深究定罪就算不錯了。

當時，朝廷中還有一種恢復肉刑的呼聲。動不動就定罪死刑，是否人道倒在其次，在「白骨露於野，千里無雞鳴」的衰亂之世，白白損失掉那麼多人力資源簡直是浪費啊。經過反覆醞釀，就在恢復肉刑幾乎板上釘釘之時，孔融一發言，整個方向立刻改變了。孔融的發言很長，但核心理由就三個：一則，恢復肉刑只會體現天子的無道，如果有道的話怎麼會有那麼多缺手斷腿的人在街上呢；二則，那些被施以肉刑的人會變得性格扭曲，原本指望他們能夠棄惡從善，結果卻「**類多趨惡，莫復歸正**」，比如秦朝的宦官趙高；三則，就算有一些人如孫臏（音同鬢）、司馬遷那樣奮發圖強，發揮才智，人前人後他們還是會被恥笑。話說到如此程度，這種於君於民都沒有好處的事情，誰還敢提恢復。

後來，面對荊州牧劉表「**郊祀天地**」的僭越之舉，朝廷準備公開下詔予以譴責。這時，孔融又上疏加以反對。孔融認為，儘管劉表「**昏僭惡極，罪不容誅**」，但畢竟知道的人還不多，現在一旦昭告天下，不僅朝廷臉上無光，而且還會讓更多人有樣學樣，沒了規矩。

上面幾件事，孔融雖然思維奇特、觀點新奇，但他的出發點卻無一不是為了維護天子和朝廷的尊嚴和體面，因此，任誰也挑不出毛病。

其四，天驕地傲。如果說，孔融的智識令大家嘆服的話，他那恃才傲物的個性也著實讓一些人，特別是當權者難以接受。

漢靈帝時，外戚何進從河南尹升遷為大將軍，為了表示祝賀，司徒楊賜專門讓自己的掾屬孔融去送道賀的謁貼。結果，因為守門人沒有及時通報，孔融一把奪回謁貼，直接離職而去。孔融的這番舉動，搞得何進手下的屬官們相當丟面子，於是便動了派劍客去追殺孔融的念頭。這時，如果不是有人在何進面前為孔融說好話，說不定孔融真的會丟了性命。

有意思的是，何進不僅沒讓手下殺孔融，反而把他征辟為了大將軍掾屬，隨後又把他升遷為了侍御史。為什麼如此？因為之前那個為孔融求情的人是這樣說的：

「孔融這個人有盛名，將軍如果與他結怨，恐怕四方之士也會相隨而去。如此，不如對他以禮相待，讓天下人都知道將軍胸懷的廣大。」就這樣，孔融反而因禍得了福。不過，在侍御史的崗位上，孔融沒幹多久就託病歸家了，因為他與自己的上司禦史中丞趙舍又產生了衝突。

也許是因為名氣太大的原因，先後當過司徒掾屬、大將軍掾屬的孔融，不久後又被征辟為了司空掾屬，同時還被授予中軍候一職。可是，這個中軍候才當了三天，孔融又被提升為了虎賁中郎將，真可謂升官神速。那麼，這個火速提拔孔融的又是誰呢？

能如此超常規用人的，恐怕只能是武將出身的司空董卓了。當時，董卓不僅讓孔融三天一變，而且還讓名士蔡邕三天三變，第一天是侍御史，第二天變成了治書禦史，第三天變成了尚書，而名士荀爽則在九十五天內從一介布衣變成了司空。既然已經把司空給了荀爽，董卓就只好改任太尉了。

換完司空，董卓接著就想換天子了，但在這件事情上，他卻遭到了孔融的強烈反對。董卓一向他詢問廢立之事，孔融就「匡正之言」，弄得董卓很不高興。於是，沒過多久，孔融又從虎賁中郎將變成了清閒無事的朝廷議郎。可是，議郎本來就是負責議時事、提建議的，怎麼可能不讓孔融發議論呢？於是，又沒過多久，董卓又把孔融派到了黃巾軍肆虐最嚴重的北海國，給了他一個國相的差使。想發議論你就發吧，反正我是聽不到你的「匡正之言」了，至於黃巾軍會不會讓你永遠閉嘴，那就看你的造化了。

後來，孔融雖然在劉備等人的救援下抵擋住了黃巾軍的攻擊，但最終還是被袁譚給打跑了。此時，漢獻帝剛剛遷都到許縣，正是用人之際，朝廷一紙徵召，孔融先是擔任了負責皇家工程建設的將作大匠，後來又升任負責皇家總體事務的少府。就這樣，孔融與曹操的合作與衝突開始了。

來到許都後，孔融寫了三首六言詩，其中一首是這樣寫的：

郭李分爭為非，
遷都長安思歸；
瞻望關東可哀，
夢想曹公歸來。

還有一首是這樣寫的：

從洛到許巍巍，
曹公憂國無私，
減去廚膳甘肥；
群僚率眾祁祁，
雖得俸祿常飢，
念我苦寒心悲。

三首詩中的兩首都與曹操有關，前一首，「夢想曹公歸來」；後一首，讚歎「從洛到許巍巍」，歌頌「曹公憂國無私」。一向恃才傲物的孔融得多麼讚賞和擁戴曹公，才會寫出這般肉麻的詩句。

實際上，孔融的這些話都是真心實意的。一則，孔融雖然文筆很好但並不善於吹捧；二則，曹操對朝廷、對孔融的確有再造之恩。撇開曹操迎奉天子、遷都許縣這些對朝廷的貢獻不提，僅僅徵召入朝這一件事，就足以讓孔融心存感激了。要知道，如果沒有這次徵召，丟了北海的孔融只有在各個諸侯間乞食的份了。三則，曹操對孔融還有不殺之恩。由於孔融一直與袁紹有嫌隙，袁紹還曾經讓曹操殺掉孔融，而曹操不僅予以拒絕，而且在給袁紹的回信中，勸他學學漢高祖劉邦是如何原諒自己的仇人雍齒的，隱諱地把袁紹給批評了一番。

有了這份感激之情，孔融不僅以詩文相頌，而且付諸於行動。建安二年（西元一九七年），將作大匠孔融受朝廷委派前往鄴城，「**持節拜紹大將軍**」。大約也是在這一年，曹操以朝廷名義徵召被孫策打敗的會稽太守王朗入朝。由於擔心王朗心懷疑慮，孔融專門給王朗寫了一封書信。書信中，孔融盛讚「**主上寬仁，貴德宥過。曹公輔政，思賢並立**」，催促王朗儘快入朝。

孔融盡心竭力，曹操也積極支持。有一次，孔融給曹操寫信，請求曹操以朝廷的名義，把擔任過吳郡太守的名士盛（音同聖）憲從江東徵召過來。一看到信，曹操就向江東派出了使者。雖然當使者趕到時，盛憲已經被孫權殺了，但至少證明了曹操對孔融意見的重視。

然而，孔融與曹操的「蜜月期」並沒有持續多久，很快二人的關係就出現了裂痕。

建安二年（西元一九七年），曹操想藉袁術稱帝之機，殺掉與袁術有姻親關係的太尉楊彪。結果，孔融聽說後，連朝服也不換就跑去見曹操。楊彪出身著名的弘農楊氏，又是自己的恩主楊賜的兒子，怎麼能讓他死了？

面對曹操，孔融言之鑿鑿：理由一，楊彪家四代都有高潔的品德，怎麼能夠說殺就殺；理由二，《周書》上說父子兄弟之間尚且罪不相及，更何況楊彪與袁術只不過聯姻罷了；理由三，《易》稱「**積善餘慶**」，楊家積了那麼多善，現在楊彪卻要被殺，原來《易》這句話是騙人的嗎。

幾句話說得曹操理屈詞窮，只好敷衍道：「這是國家的意思。」

這下，孔融更有話說了：「假如周成王要殺召公，周公能說自己不知道嗎？」言外之意，當權的是你，把天子搬出來不是自欺欺人嗎？你別以為別人不知道。

隨後，孔融撂下重話：「**孔融魯國男子，明日便當拂衣而去，不復朝矣。**」如果你還要殺楊彪，我明天就罷工，你愛怎麼樣就怎麼樣吧。

要知道，孔融在天下士人當中可是舉足輕重的人物；更要知道，那時天子才剛剛來到許都，朝廷的門面還需要裝點。就這樣，曹操放過了楊彪。

楊彪事件之後，孔融與曹操之間的矛盾與分歧雖然並不頻繁，但也著實不少。

建安五年（西元二〇〇年），在曹操與袁紹對決的緊要關頭，孔融公開散布袁紹地廣兵強、難以戰勝的言論，完全是一副悲觀論調。從智力資源上講，「**田豐、許攸，智計之士也，為之謀**」；從治理人才上看，「**審配、逢紀，盡忠之臣也，任其事**」；從軍事將領上說，「**顏良、文醜，勇冠三軍，統其兵**」。總之，無論從哪個方面講，曹操都處於劣勢，「**殆難克乎！**」

建安九年（西元二〇四年），曹操攻下了鄴城，袁家的女兒、媳婦大多被擄掠，其中，曹操的兒子曹丕私自占有了袁熙的妻子甄氏。孔融寫信給曹操：「武王伐紂，把妲己賜給了周公。」曹操不明白其中的意思，就詢問出自哪部經典。結果孔融回答：「**以今度之，想當然耳。**」按照現在的事情推測，應當是這樣。於是，「想當然」一語應時而生。

建安十二年（西元二〇七年），曹操出兵討伐烏桓。孔融不無嘲諷地說：周武王時，肅慎族不進貢楛矢（用楛木做杆的箭）；漢武帝時，丁零人偷盜了蘇武的牛羊。按照現在誰不服就打誰的邏輯，不如把肅慎和丁零一起征伐了。言外之意，曹操有些興師動眾、小題大做了。

此外，曹操下令禁酒，嗜酒如命的孔融也公開反對：天上有酒星，地上有酒泉，人心有酒德，堯不飲千鍾就不會成為聖賢。再說了，夏桀商紂因為女色而亡國，難道你再禁了婚姻不成？

如此看來，無論是政治清理還是經濟管制，無論是生死決戰還是日常征伐，無論是國家大事還是個人家事，孔融都盯著曹操發表意見。不過，所有這些曹操都姑且予以包容，畢竟孔融是當世大儒，畢竟這些都還在忍受範圍之內，畢竟無論是何進還是董卓都沒有對孔融動刀子，畢竟當年自己在兗州時就因為殺了名士邊讓而吃過虧。

然而，當時間走到建安十三年（西元二〇八年），無論是現實的形勢還是曹操的眼光，都發生了變化。此時，曹操已經基本掃平了北方，相較於以前，少了一些顧慮；同時，孔融看到曹操「**雄詐漸著**」，他的反應也越來越激烈，經常「**發辭偏宕，多致乖忤**」。

最令曹操如鯁在喉的，是孔融的一份奏章。在這份奏章中，孔融請求天子下令，「**準古王畿之制，千里寰內，不以封建諸侯**」，要恢復《周禮》中規定的距離首都千里之內的土地不能封建諸侯的制度。別看這只是一紙奏章，孔融卻要用它釜底抽薪，徹底斷了曹操在中原地區乃至河北鄴城建立自己封地的念想。這下子，曹操有些無法容忍了，越來越擔心孔融阻礙自己的大業。

恰在此時，山陽人郗慮看出了曹操的心思。與孔融過節頗深的他，以蔑視國法為由彈劾奏免孔融。對此，孔融毫不在意，當曹操名為勸解實為挑撥給他寫信時，孔融依舊針鋒相對地回擊郗慮。這樣，一來二往，孔融先是被罷免，後又復職擔任了只管議論但沒有實權的太中大夫。

雖然擔任閒職，孔融卻沒閒著，反而天天賓客盈門。看著這一切，孔融感歎道：「**坐上客常滿，樽中酒不空，吾無憂矣。**」有酒有肉有朋友，還有什麼不滿足的？「坐上客」一語由此而來。

孔融「無憂」了，郗慮就開始憂慮了。隨之，一系列關於孔融的罪狀被羅織起來。

第一條，圖謀不軌。孔融當初在北海時，就宣揚自己是「**大聖之後**」，說什麼「**有天下者，何必卯金刀**」，言外之意，自己可以取而代之。

第二條，非議朝廷。孔融在會見孫權的使者時，有「**謗訕朝廷**」之語。

第三條，不遵朝儀。孔融經常連頭巾都不戴，衣冠不整地在宮廷內外走來走去。

第四條，不尊孝道。據傳，孔融曾經向好友禰衡講，父親對於兒子根本沒有什麼親情，只不過是一時情欲發洩的結果。同時，孔融還曾經說，如果父親不好，即使把東西給別人吃，讓父親餓死也沒關係。

第五條，不敬先哲。據說，孔融曾經與禰衡相互吹捧，禰衡誇孔融是「**仲尼不死**」，孔融說禰衡是「**顏回復生**」。

於是，孔融的罪名被公之於眾：不孝。

咦？不是五條嗎，怎麼少了？

因為，其他幾條政治絞殺的意味太濃了，只有這條既能把對手整死又能把對方的聲名搞臭，要知道大漢朝可是以孝治天下的王朝，更要知道孔子之學可是百善孝為先的學問，你孔融四歲就知道「讓梨」，怎麼如今倒連父子親情都蔑視了？於是，孔融的罪狀被定為「**違天反道，敗倫亂理**」，因此「**雖肆市朝，尤恨其晚**」。看來，這一天讓曹操等了很久。

建安十三年農曆八月二十九（西元二〇八年九月二十六日），太中大夫孔融在鬧市中被執行死刑。赴刑之前，孔融對自己的人生遭遇進行了深刻反思。是自己言多必失，還是世道浮雲蔽日？是人心難測，還是三人成虎？凡此種種，只能留在《臨終詩》中了。

言多令事敗，器漏苦不密。
河潰蟻孔端，山壞由猿穴。

涓涓江漢流，天窗通冥室。
讒邪害公正，浮雲翳白日。
靡辭無忠誠，華繁竟不實。
人有兩三心，安能合為一。
三人成市虎，浸漬解膠漆。
生存多所慮，長寢萬事畢。

其實，孔融與郗慮結下梁子，也是因為自己張揚的個性和刀子般的嘴巴。有一次，劉協當著郗慮的面問孔融：「郗慮有哪方面的優點和長處？」孔融回答：「此人可以與他一起研究大道理，但是不能讓他掌握權力。」（**可與適道，未可與權。**）這句話把郗慮給惹毛了，舉起笏板就揭起孔融的短處：「孔融擔任北海相的時候，政務鬆散，百姓流離，他哪裡適合掌權！」

孔融被捕時，他的兩個孩子正在下棋。聽說父親被抓，他們絲毫沒有因此驚慌失措，仍繼續下棋。旁邊的人看了，都說：「你們父親都被抓走了，你們怎麼還坐著不動？」

兩個孩子回答：「哪裡有巢都毀壞了，卵卻不破的事情？」言外之意，他們不是不想逃，而是根本逃不了。

不久，兩個孩子也被殺，男孩九歲，女孩七歲。

的確，「覆巢之下無完卵」，巢如此，家如此，國亦如此。當大漢朝的覆滅已經成為一種望得見的必然，作為最大受益者的士族名士們也面臨著生死存亡的抉擇，是站著死還是跪著生？是順應時勢還是力挽狂瀾？每個人都在接受著拷問。

天下鼠輩

實際上，建安十三年，曹操在許都殺死的並不只一個孔融。除了這位名儒，在更早之前，曹操還要了一位名醫的命。

沒錯，他就是華佗。

作為一名醫師，史書中關於華佗懸壺濟世、妙手回天的記載不勝枚舉。

一個郡守得了病，華佗收了他的錢卻不辭而別，臨走時還留下了一封謾罵他的信。面對華佗這一無禮行為，憤怒到了極點的郡守一下子吐出了幾升黑血。結果，不吐不要緊，一吐病全好了。沒錯，這就是華佗的診療手段。

兩個頭痛發熱的府吏一起去找華佗看病。結果，華佗認為一個人屬外實內虛，應該下瀉；另一個人屬外虛內實，應該發汗。於是，二人分別用藥。沒想到，第二天兩個人全好了。

不僅能夠對症下藥，華佗還發明了一種叫作「麻沸散」的麻醉藥，病人喝下去完全沒了知覺，華佗隨後便開膛破肚實施手術。為此，華佗被後世尊稱為「外科鼻祖」。

後來，曹操聽說了華佗的傳奇醫術，於是便把他召到了身邊。曹操長期患有頭風病，每次發作都「**心亂目眩**」。可是，一旦經華佗針灸治療，頭痛立刻就得到了緩解。由此，曹操越來越離不開華佗了，必須讓他「**常在左右**」。

照理說，能夠讓當權者離不開自己，應該是一件好事，然而，此時的華佗卻十分苦悶。

按照華佗本來的願望，他是想做一名士大夫的。早年，華佗在徐州遊學，也的確「**兼通數經**」，是具備成為士人的條件的。可是，年輕時的華佗卻自視頗高，不僅拒絕了「**沛相陳珪舉孝廉**」的機會，而且沒有接受太尉黃琬的征辟。就這樣，一來二往，機會就從身邊溜走了。後來，當他「**以醫見業**」再想去做一個士人時，只有「**意常自悔**」的份了。

懊惱之餘，華佗對「專視」曹操這項工作也變得興致索然，於是便以家人來信為由，申請回老家譙縣看看。但一回到老家，華佗又以妻子生病為由，多次申請延期。

這下，曹操有些著急了，不僅多次給華佗寫信，而且指示郡縣官員催促華佗儘快上路。然而，華佗依舊紋絲不動。

如此一來，曹操就失去耐心了。很快，專門來查驗事情真假的人就到了譙縣。事前，曹操交代，如果華佗的妻子確實有病，那麼就賜給他小豆四十斛且寬限假期；假如華佗弄虛作假、欺上瞞下，那就立刻將其抓起來。

就這樣，沒多久華佗就被關進了許都的監獄之中。

曹操關押一個欺騙自己的醫師並不算什麼大事，可是，沒想到連荀彧都出來為華佗求情了。實際上，荀彧的理由也頗為充分：「**佗術實工，人命所縣（懸），宜含宥之。**」意思是說，華佗的醫術的確很高明，手裡握著的都是人的生死，還是應當容忍寬宥他一下。

應該說，荀彧說的確是實情，您不為他人的性命著想，至少也要為自己的健康著想啊！然而，曹操對此卻頗不以為然：「**不憂，天下當無此鼠輩耶？**」不用擔心，天下還缺這類鼠輩嗎？

沒錯，在那個時代，醫師作為江湖術士的一種，的確可以歸為「鼠輩」，對此，不僅曹操這樣認為，就連華佗本人也這樣認為。可是，天下真的還會有華佗這樣的「鼠輩」嗎？

另外，能暫癒曹操頭風病的不只有華佗的良藥，還有陳琳的美文。可是，陳琳真的能保證每次在曹操需要時都能文思泉湧、妙筆生花嗎？

仁愛識達

聊完了許都自建安元年以來對於曹操事業的影響，最後再來說說曹操一家來到許都後的一個小變化。

如果說，建安元年遷都許縣是曹操整個事業的騰飛點，那麼在這一時間、這一地點降生的一位小天才，則是曹操將事業推向千秋萬代的希望所在。

沒錯，他就是曹沖。

雖然曹操的眾多妻妾給他生下了不少兒子，但曹沖在其中還是異常亮眼。

首先，曹沖的智慧聰穎有目共睹。據載，早在曹沖五、六歲時，就「**有若成人之智**」，而「稱象量舟」、「山雞舞鏡」等典故更是因曹沖而產生。

有一次，孫權給曹操送來一頭巨象，但這頭象的重量卻無從知曉。正在大家一籌莫展之際，曹沖給出了解決方案：首先，把大象放到船上，在水痕所至的船舷上刻出記號；然後，把大象牽走，在船上放入能夠達到同樣水位的其他東西；最後，把放到船上的那些東西一一稱重加總，這樣就能得到大象的重量了。小小年紀就知道利用等量代換的數學原理化整為零地稱出大象的重量，看來曹沖的確智商非凡。

還有一次，南方曾經向曹操進貢了一隻山雞。這隻山雞十分奇異，只要一看到自己在水中的倒影就會自顧自地跳起舞來。然而，大殿之上卻沒有可以提供山雞顧影自歡的水面。正當大家躊躇之際，曹沖卻讓人把山雞放到了一面大銅鏡面前。看到鏡子裡的自己，山雞立刻舞動起來，一時間竟停不下來。

如果上面兩件小事只能當作益智故事聽一聽的話，那麼下面這件小事則不僅體現了曹沖超群的智商，更體現了他超凡的情商。

某一次，曹操存在庫房中的馬鞍被老鼠咬壞了。這下把負責庫管的官吏給嚇壞了，要知道曹操可是出了名的嚴厲，這回自己怕是死定了。於是，這名官吏就準備把自己綁起來當面向曹操請罪，即使這樣，他仍內心忐忑、惴惴不安，「**猶懼不免**」。這時，曹沖卻阻止了他，並且讓他先躲藏三天，之後再去向曹操自首。即便帶著疑惑，這名官吏還是聽曹沖的話躲了起來。

交待完官吏，曹沖拿著一件被老鼠咬壞的衣服，愁眉苦臉地來到了曹操面前。看到愛子怏怏不樂的樣子，曹操忍不住詢問究竟。於是，曹沖「如實」相告：「**世俗以為鼠齧衣者，其主不吉。今單衣見齧，是以憂戚。**」大家都說，如果衣服被老鼠咬破了，那衣服的主人就會倒楣。現在我的衣服被咬了，所以我發愁。

聽到曹沖這番話，曹操樂了：「**此妄言耳，無所苦也。**」這些都是毫無根據的說法，不用擔心苦悶的。

有了父親的這番話，曹沖笑逐顏開。

沒多久，負責庫管的官吏拿著被老鼠咬壞的馬鞍來到了曹操面前。面對此人的「**面縛首罪**」，曹操笑著說：「我兒子的衣服放在身邊尚且被咬，更何況掛在柱子上的馬鞍呢？」於是，曹操「**一無所問**」。

順便說一句，那件被老鼠咬出幾個小洞的衣服，也是曹沖用刀戳出來的。據《三國志》記載，那些「**凡應罪戮**」卻因曹沖的悄悄保護而得到寬免的，「**前後數十**」。

一般來說，家裡有這樣一個高智商的神童已經夠讓人欣喜的了，可是這個神童又偏偏宅心仁厚，「**仁愛識達**」，簡直是舉世無雙了。為此，曹操不僅多次在群臣面前稱讚曹沖，並且「**有欲傳後意**」，流露出要讓他當接班人的意思。

當然，有意並不代表就打定了主意。再說了，日子還長，當下曹操集中精神要解決的，並不是把江山交給誰的問題，而是把怎樣的一個江山交到子孫後代手中的問題。

為此，曹操又踏上了征程。

第五章　鬩中

一直在幫忙，為何總被認為在搗亂？

建安十三年，曹操除了在為鄴城的城市建設和許都的政治建設而操心，還有一個地方和一個人牽扯著他的精力。

就在曹操大軍從鄴城一路南下屯駐於許都周邊的同時，以侍中張既為首的一小隊人馬卻一路向西來到了關中。

張既此行的使命十分明確，那就是：勸說馬騰放棄數萬人馬的指揮權，跟隨自己到朝廷任職。

雖說張既是個土生土長的關中人，並且長期與馬騰打交道，但無論從哪個角度講，這都是一項頗具難度的任務，誰會為了一個榮耀的虛職而放棄手中的實權呢？然而，張既最終卻順利達成了使命。

據《三國志．蜀書．馬超傳》記載，馬騰並不是被張既說服的，而是自己主動「**求還京畿**」的。

這就有意思了，要知道，馬騰在關中「**北備胡寇，東備白騎，待士進賢，矜救民命，三輔甚安愛之**」，既頗具實力又頗得民心，怎麼這一切說放棄就放棄了？曹操一方究竟是施了什麼魔法？馬騰一方到底又是怎麼盤算的？

一　關山河

建安三年（西元一九八年），關中問題第一次被曹操提上了議事日程。

這一年，面對袁紹威脅漸迫、許都四面受敵的嚴峻形勢，荀彧向曹操提出了先東後北的建議，即：先向東解決徐州呂布，再想辦法對付北面的袁紹。聽完這一建議，曹操聊出了自己心中積蓄已久的憂慮。

只聽曹操說道：「**然。吾所惑者，又恐紹侵擾關中，亂羌、胡，南誘蜀漢，是我獨以兗、豫抗天下六分之五也。為將奈何？**」你說的沒錯！不過令我惶惑不安的還有一點，假如袁紹趁機侵擾關中，然後蠱惑那裡的羌人、胡人發動叛亂，再勾結巴蜀和漢中的勢力，這樣我就僅能用兗州和豫州兩個州的力量，來抗衡天下六分之五的勢力了，到那時又該怎麼辦呢？

這裡，曹操雖然聊到了關中、羌胡、巴蜀以及漢中，但他真正擔心的地方卻只有一個，那就是：關中。

曹操這裡所說的「關中」，也就是今天以西安為中心的陝西中部地區。古時，這裡東有潼關、西有散關、南有武關、北有蕭關，因為位於四關之內，故稱關中。

關中因為四面都有天然地形作為屏障，中間又有渭河川流而過，因此自戰國時就有「四塞之國」和「天下雄國」之稱。

實際上，關中除了有以上四關的防護外，還有一關、一山、一河的護佑。

「一關」，是位於今陝西省與河南省交界處的一處關隘：函谷關。「函」本義指箭囊，後泛指含物之器，再後來又特指裝信件等物的封套，而函谷關之所以得名，就是因為它建於谷地之中，深險如函，易守而難攻。

「一山」，指函谷關東面位於今河南省三門峽市境內的崤（音同遙）山。作為秦嶺東段較大的支脈，崤山長達一百六十多公里，寬四十到五十公里，自西南向東北一直延伸到了黃河岸邊。

而「一河」，自然是指如今位於陝西和山西之間，從北向南流淌的黃河了。

險峻的崤山連同堅固的函谷關，再加上自北向南流淌的黃河，構成了中國古代東西地理的分界線，於是就有了關東、關西，山東、山西，河東、河西的說法。

回顧漢朝以前的歷史，無論是崇尚禮樂的周朝還是推崇律法的秦朝，都是在關中實現崛起並最終完成天下一統。而在秦末的楚漢爭霸中，劉邦也是以關中為基地最終消滅項羽的。

劉邦奪取天下後，不少大臣建議將新王朝的都城定在關中，張良認為「**關中左肴函，右隴蜀，沃野千里……此所謂金城千里，天府之國，天下之脊，中原龍首**」，士大夫田肯也覺得關中「**地勢便利，其以下兵於諸侯，譬猶居高屋之上建瓴水也**」。大臣們的這番勸說，不僅使劉邦下定決心把都城定在了關中腹地長安，而且還因此誕生了兩個成語：金城千里、高屋建瓴。

實際上，關中乃至整個關西地區不僅具有天然的地理優勢，而且具有富足的將才資源。秦漢時期，一直流傳著「**關東出相，關西出將**」這樣一句俗諺。《漢書・趙充國辛慶忌傳》對「關西出將」的情況進行了大致梳理：「**秦、漢已來，山東出相，山西出將。秦時將軍白起，郿人；王翦，頻陽人。漢興，郁郅王圍、甘延壽，義渠公孫賀、傅介子，成紀李廣、李蔡，杜陵蘇建、蘇武，上邽上官桀、趙充國，襄武廉褒，狄道辛武賢、慶忌，皆以勇武顯聞。蘇、辛父子著節，此其可稱列者也，其餘不可勝數。**」上面這段話無須細看，僅僅白起、王翦、傅介子、李廣、蘇武這幾個名字，就足以證明關西將才資源的高產和優質。

而對於其中的原因，《漢書》同樣進行了分析：「**何則？山西天水、隴西、安定、北地處勢迫近羌胡，民俗修習戰備，高上勇力鞍馬騎射。**」關中向西、向北的地區都臨近羌胡等少數民族的聚居區，長時間的相處雜居，使這些地區的漢人也變得彪悍善戰。因此，無論是鎮壓周邊地區的羌胡叛亂，還是對付中原地區的起義，關西地區都是朝廷的天然武庫。而在長時間的混居雜處過程中，漢人與羌人、胡人的關係也日益密切，有些軍閥甚至就是利用羌胡力量崛起壯大的，比如董卓。

據《三國志．魏書．董卓傳》記載，董卓少年時「**嘗遊羌中，盡與諸豪帥相結**」，因為他「**膂力過人，雙帶兩鞬，左右馳射**」，結果「**為羌胡所畏**」。後來，董卓在討伐羌族部落的鬥爭中逐漸壯大，直至領兵入京，控制朝廷，揭開了漢末群雄逐鹿的序幕。再後來，董卓由於忌憚關東群雄，甚至把天子遷到了長安，進而以關中為根據地與關東展開爭奪。

實際上，攪得天下大亂的不只董卓一個，即使在他死後，他那些出身關西的手下們——李傕、郭汜、樊稠、張濟、段煨（音同威），同樣給朝廷和天下添了不少麻煩，僅僅張濟的侄子張繡就害得曹操損失了長子曹昂、侄子曹安民以及愛將典韋。

如今，雖然董卓等軍閥敗亡了，關中卻依然山頭林立，動盪不止。據載，自建安元年（西元一九六年）漢獻帝離開關中後，「**長安城空四十餘日，……，二三年間，關中無復人跡**」，此時從涼州起家的軍閥馬騰、韓遂則乘機占據了關中，對關東地區構成了嚴重威脅。

如此看來，無論回顧歷史，還是放眼當下，曹操的擔心都並非空穴來風。

回顧過去，漢朝之前的歷史，實際上就是一部關東與關西此消彼長的競爭史。周滅商、秦滅六國、劉項滅秦、楚漢爭霸、新莽覆亡、群雄反董，哪一次不是東西之爭？對於勇武的關西能不重視嗎？

放眼當下，由於地理形勢、人口分布、民族關係、歷史傳統等多方面的原因，一旦關中騷動，羌胡、巴蜀、漢中等處自然會應聲而動。那時，曹操必然如芒在背。相反，如果關中穩固，羌胡、巴蜀、漢中就算因為袁紹的侵擾而有所異動，也只是隔靴搔癢，不會對中原的曹操構成任何實質性威脅。

因此，面對荀彧東征呂布的建議，曹操雖然沒有直接否決，但卻隱隱地指出了另外兩個選項：要麼暫時按兵不動，要麼先解決關中問題。

西顧無憂

面對曹操的顧慮，荀彧首先對關中的狀況進行了分析：「**關中將帥以十數，莫能相一，唯韓遂、馬超最強。**」意思是說，關中自立山頭的將帥起碼有幾十個，誰也沒有本事把大家聚在一起，這其中只有韓遂和馬超的力量最強。

荀彧說的沒錯，關中大小軍閥雖然不少，但真正有能力「亂羌、胡，南誘蜀漢」的恐怕只有韓遂以及馬騰、馬超父子。金城人韓遂很早就「**著名西州**」，後來被涼州的羌胡人裹挾著加入了反朝廷的隊伍，逐漸成為「**擁兵十餘萬，進圍隴西**」的軍閥。相較於韓遂，馬騰更不得了。作為後漢開國名將馬援的後代，馬騰「**長八尺餘，身體洪大，面鼻雄異，而性賢厚，人多敬之**」。早年，馬騰跟隨涼州刺史耿鄙征討羌氐部落和韓遂叛軍，後來因為不滿耿鄙的種種作為，索性與韓遂結成了異姓兄弟，成為了涼州地區最大的軍事勢力。

董卓遷都長安後，曾經派人遊說馬騰、韓遂，讓他們與自己一起對抗關東聯軍。結果，馬、韓二人率軍剛到長安，董卓就被王允、呂布刺殺了，不久後李傕、郭汜又進攻長安，掌握了朝政。於是，馬騰、韓遂又在初平二年（西元一九二年）歸順了李傕，馬騰被拜為征西將軍，駐軍長安附近的郿（音同眉）縣；韓遂被拜為鎮西將軍，駐軍金城郡。

然而，沒過兩年，馬騰就因為一些個人訴求得不到滿足而與李傕鬧翻了。為此，馬騰不僅「**欲舉兵相攻**」，而且還聯合了益州的劉焉以及長安城中的种邵等大臣，準備來個多方聯動、裡應外合。結果，种邵等人的密謀洩露，馬騰、韓遂戰敗，退回涼州。

馬騰、韓遂長期生長在羌胡聚居區，在羌胡人中又頗具影響力，同時也曾經與益州有過合作，這不正是曹操擔心的「侵擾關中，亂羌、胡，南誘蜀漢」嗎？

不過，荀彧雖然點出了馬騰、韓遂這兩個有能力製造麻煩的傢伙，緊接著也提出了自己的見解：「**彼見山東方爭，必各擁眾自保。**」這些人看到山東地區爭鬥正酣，必定會擁兵自保，誰也不會動逐鹿中原的心思。

荀彧的這一判斷，也是有事實支撐的。在李傕、郭汜與王允的爭鬥見分曉前，馬、韓只是觀望，並沒有選邊站隊；李傕、郭汜與關東群雄對峙時，馬、韓也只是為了個人利益才進攻長安；並且，馬騰和韓遂這對「**始甚相親**」的異姓兄弟如今也已經「**轉以部曲相侵入，更為仇敵**」了。一開始馬騰打跑了韓遂，後來韓遂糾合大量人馬不僅打敗了馬騰，還殺了他的妻子和兒女，雙方就這樣兵戈相向、爭鬥不休。

當然，判斷歸判斷，不想要出意外，還要採取切實的行動。於是，聊完見解，荀彧緊接著提出了因應之策：「**今若撫以恩德，遣使連和，相持雖不能久安，比公安定山東，足以不動。**」現在如果施恩布德去安撫他們，派遣使者與他們談合作，這種穩定狀態雖不能保證長治久安，但至少在您平定山東地區這段時間內，足以使他們不敢輕舉妄動。

聊完對策，荀彧又提出了實現這一策略的具體人選：「**鍾繇可屬以西事，則公無憂矣。**」西邊的事情可以交給鍾繇去辦，這樣明公您就可以高枕無憂了。

既有形勢分析，又有解決方案，還有口袋人選，幾句話就說得曹操愁雲立散、豁然開朗，隨即大軍東征，鍾繇西行。

東邊的事情自不必說，用了約三個月時間，曹操讓呂布殞命在了徐州下邳城上的白門樓。下面略微詳細地說一說西方的事情。

應該說，無論在策略上還是在人選上，荀彧都是經過一番深思熟慮的。就拿鍾繇來說，此人早年既在董卓、李傕等人把持的朝廷中擔任過尚書郎、廷尉正、黃門侍郎，又在關中地區的陽陵縣做過縣令，可以說既瞭解那幫涼州軍閥的脾氣秉性，又熟悉關中地區的風土人情，自然是一位合適的人選。

更為關鍵的一點是，此人政治過硬。當初，曹操為了打通與天子的聯繫通道，曾經派親信王必專門到長安去覲見天子。可是，當王必帶著一車車厚禮及曹操殷勤備至的表章抵達長安時，當權的李傕、郭汜卻認為曹操並非真心實意，因此商量先把王必連人帶物扣留下來，而對曹操的表章則不予理會。關鍵時刻，一旁的鍾繇說了這樣一段話：「**方今英雄並起，各矯命專制，唯曹兗州乃心王室，而逆其忠款，非所以副將來之望也。**」現在英雄並起，人人都假借天子的名義專制一方，實際上卻誰也沒把天子放在眼裡，只有曹操心裡還裝著王室，現在他的好心卻被當成驢肝肺，以後誰還來呀。

聽到這裡，李傕、郭汜頓然開竅了，立即對曹操「**厚加報答**」，不僅允許曹操與朝廷建立長線聯繫，而且還讓曹操如願得到了自己心心念念的頭銜：兗州牧。

有了這次自覺主動的神助攻，跟隨天子返回中原的鍾繇，之後一路順遂。那時，荀彧既是負責朝中日常事務的尚書令，又要為曹操謀劃對外征伐的軍國大事，一人分飾兩角難免有些忙不過來，於是，曹操讓荀彧推薦其他能為自己出謀劃策的人選。這時，荀彧毫不猶豫地推薦了自己的侄子荀攸和自己的老鄉潁川長社人鍾繇。此後，鍾繇先是被任命為禦史中丞，不久又升任侍中兼尚書僕射，獲封東武亭侯。

侍中是天子身邊的人，尚書僕射是尚書令的副手，也就是說鍾繇當時的角色是協助荀彧處理朝廷事務的二把手。這一次，荀彧能推薦鍾繇去獨當一面，不僅是對鍾繇的欣賞和信任，也是增加了自己身上的擔子。而曹操之所以採納荀彧的建議，不僅是認為鍾繇政治可靠、素質過硬，還有是覺得派這樣一位重量級人物出馬才能夠鎮得住場面。

臨行前，曹操給了鍾繇一個新的身分：「**以侍中守司隸校尉，持節督關中諸軍**」，就是讓他以朝廷侍中的身分兼任司隸校尉，並且賦予他持符節都督關中各路人馬的權力。單從職權上來看，對鍾繇已經夠放權了，但私下裡曹操還祕密賦予了鍾繇一項更大的權力：「**委之以後事，特使不拘科制**」，鍾繇可以全權處置整個西方事務，可以不拘泥於法令條文、見機行事。

有了這樣的身分和交代，鍾繇就可以放開手腳大膽工作了。於是，一抵達關中，鍾繇就專門派人給馬騰、韓遂送去了自己的親筆書信，為他們分析形勢，陳述利害，動之以情，曉之以理。

應該說，無論是荀彧對於形勢的判斷，還是鍾繇對於事情的拿捏，都恰逢其時，恰到好處。此時，馬騰與韓遂這一對之前的好兄弟，正因為金錢、糧食、地盤等利益分配問題而鬧得不可開交，誰都找不到壓倒對方的理由，更找不到可以下的臺階。因此，鍾繇的出現，不僅沒有讓他們產生有人騎在自己頭上的危機感，反而讓他們感覺彼此有了利益溝通的中間人。於是，在鍾繇和涼州牧韋端等人的調解下，馬騰、韓遂不僅擱置了爭議，而且各自派遣自己的兒子到朝廷擔任侍從。

以上成果看起來只是一個人兩封信的事，但回顧之前一個個血淋淋的教訓，這些成果的取得卻著實不易。

初平二年（西元一九一年），身處長安的漢獻帝派遣侍中劉和攜帶密詔，回關東向其父幽州牧劉虞求援，結果劉和半路上被袁術扣留，弄得劉虞硬生生被袁術誆騙走了數千騎兵才換回了兒子。

初平三年（西元一九二年），控制朝廷的李傕任命馬日磾為太傅、錄尚書事，派遣他到關東去安撫各路諸侯，結果馬日磾一到袁術駐地就被扣留了下來，袁術不僅奪去馬日磾的符節，而且強逼他當自己的軍師，搞得馬日磾第二年憂憤嘔血而死。

初平四年（西元一九三年），朝廷任命金尚為兗州刺史，結果金尚剛剛踏入兗州地界，就被已經實際控制兗州的曹操打得「**流離迸走，幾至滅亡**」。

初平年間，劉虞擔任太傅兼幽州牧，可是境內的奮武將軍公孫瓚，不僅不受他的節度，反而於初平四年攻殺了他。

諸如此類的事情，不勝枚舉。

由此可見，授權可以，卻不是誰都能把授予的權力運用好的。除了朝廷任命，手中並沒有太多硬實力的鍾繇，能夠在關中立住腳跟甚至讓馬騰、韓遂把兒子送往許都，成為事實上的人質，真不是一般人能做到的。

當然，僅僅運用以上這些政治手腕，還是遠遠不能做到「無憂」的。實際上，為了更有效地控制關中，曹操早就在荀彧的建議下進行更多部署了。這其中，治書侍御史衛覬在一次行旅中的考察，發揮了重要作用。

當北方逐漸呈現出曹、袁對決的態勢時，到南方爭取盟友成了雙方不約而同的選擇。當時，荊州牧劉表已經表露出聲援袁紹的姿態，而與劉表素有嫌隙的益州牧劉璋，自然成為曹操值得拉攏的潛在盟友，於是以才學著稱的衛覬踏上了前往益州的旅途。

然而，當衛覬到達長安時，卻發現前往益州的道路完全斷絕了，使命中斷的他便留下來承擔起了穩定關中的任務。

留在關中不久，喜歡鑽研琢磨的衛覬就有了一個有趣的發現：雖然關中前往益州的道路因為戰亂而斷絕了，但從其他地方返回關中的流民卻絡繹不絕，而這些人一回到關中，就被當地的小軍閥們給拉去做了壯丁。看到這一情況，衛覬便給荀彧寫信彙報自己的觀察和思考。

信中，衛覬首先描述了關中人員流動的情況：「關中原本是個豐腴富饒的地方，因為前一段時間兵荒馬亂才導致百姓四處逃亡，據說光是逃到荊州的就有十萬多戶。如今，關中逐漸趨於安定，所以外逃的百姓都渴望返回家鄉。」

隨後，衛覬分析了流民依附於軍閥的原因及危害：「回來的人自身既沒有從事農業生產的本錢，也沒有良好的外部條件，而關中的大小軍閥卻競相招納他們，軟弱無力的郡縣官府搶不過他們，只能眼睜睜看著軍閥們日益壯大。目前來看，這倒沒什麼大危害，但長此以往，一旦有個風吹草動，麻煩就大了。」

聊完困難隱患，衛覬緊接著提出了克服困難、排除隱患的具體建議：「食鹽，是國家的一大寶貝。目前，國家因為戰亂已經失去了對食鹽買賣的控制。現在，不如像過去那樣設置專門人員監督食鹽的買賣，用賣鹽的錢去大量購置犁和耕牛，只要有回來的百姓就提供給他們使用，這樣官府就有能力與軍閥搶人了，而老百姓也更願意回來了。」小鹽粒撬動大人力，衛覬的想法既壯大了朝廷，又削弱了軍閥，還恢復了經濟，可謂一石多鳥。

不過，除了這巧無聲息的一招，衛覬還提出了亮堂堂的一招：「不如將司隸校尉的治所設在關中，使其成為關中眾將之主，那樣眾將的勢力就會日漸削減，而官府百姓就會日益富裕強大，這絕對是加強國本、削弱敵人的大好事。」

既有經濟政策的調整，又有行政重心的遷移，既有利於改善經濟民生，又有利於促進軍事安定，如此何樂而不為呢？於是，當荀彧把衛覬的意見稟告給曹操時，曹操很快就作出了部署：派遣謁者僕射監督食鹽買賣，將司隸校尉的治所從洛陽附近移至長安東面的弘農。

於是，這才有了鍾繇「以侍中守司隸校尉，持節督關中諸軍」的人事任命。如此看來，衛覬這段被中斷的行旅，真可謂「有心栽花花不發，無心插柳柳成蔭」。

這邊，關中逐漸從軍閥遍布的野地變成大漢朝廷的柳蔭；那邊，曹操與袁紹在中原的競爭也到了即將攤牌的時刻。此刻，關中乃至更遠的涼州，所有將領的心中都在發問：「**袁、曹勝敗孰在？**」命運之神到底會青睞於誰呢？要知道，現在重新選邊站隊或許還來得及。

搖擺之下，涼州牧韋端讓州從事楊阜（音同付）前往許都尋求答案。不久之後，被朝廷任命為安定郡長史的楊阜回到了關西，面對眾將領熱切的眼神，楊阜藉由對比的方式分享了自己的考察成果。

先說袁紹：「袁公雖然寬厚但並不果斷，熱衷謀劃卻難下決心，如今他雖然強大，但最終成不了大事。」

再說曹操：「曹公有雄才遠略，抓住機會就毫不遲疑，法令統一而隊伍精良，能夠任用自身圈子以外的人才，所任用的人也都能各盡其力，一定能夠成就大事。」

經過楊阜的這一番比較，眾將領安心了，既然曹操的贏面更大，而自己現在也已經站在了曹操這一邊，何必要大費周章地折騰呢？由此，關西停止了搖擺。

一旦將局勢穩定下來，司隸校尉鍾繇考慮的就不只是不給主公添麻煩的問題，而是如何給前方幫忙的問題了。所以，就在曹操與袁紹官渡軍事相持的關鍵時刻，鍾繇將關中的兩千多匹良馬送到了前線。

望著這些既可戰又可食的馬匹，兵寡糧少的曹操喜不自禁。隨後，曹操專門致信鍾繇，高度評價了他在關中的貢獻：「**得所送馬，甚應其急。關右平定，朝廷無西顧之憂，足下之勳也。昔蕭何鎮守關中，足食成軍，亦適當爾。**」意思是，你送來的這些馬，可以說相當應急。關西能夠平靜安定，朝廷沒有西顧之憂，這都是你的功勞。漢高祖時蕭何鎮守關中，保證了前線軍糧和兵源的充足，如今你的功勞與他是一樣的！

在此，我們可以合理推測，在不久後進行的那次改變戰場形勢，乃至曹袁命運的烏巢奇襲中，曹軍所騎乘的馬匹中必然少不了鍾繇送來的那些。

拒馬河西

一場官渡之戰，鍾繇都督下的關中不僅沒有失分，反而為曹軍的勝利加了分。不過，隨後迎接鍾繇的並非滿地鮮花，而依舊是一路荊棘。

建安七年（西元二〇二年），袁尚委任麾下的郭援為河東太守，命令他與并州刺史高幹以及南匈奴單于呼廚泉一道，三路並進，拿下黃河北岸緊鄰關中的河東郡。同時，袁尚還專門派使者前往關中，與馬騰等將領聯繫，鼓動他們共同起兵對抗曹操，而馬騰等人在巨大的誘惑面前，也暗中答應了袁尚。

一邊派人出明槍，一邊派人放冷箭，袁尚這兩招讓鍾繇夠煩惱的了。不過，更令人頭痛的是，這個被袁尚用來打主力的郭援竟然還是鍾繇的外甥，如此一來，就算鍾繇本人能夠大義滅親，手下行動起來也難免會投鼠忌器，放不開手腳。

戰事一開，鍾繇軍隊就顯得有些被動。呼廚泉首先在平陽發動叛亂，鍾繇旋即率領各路人馬包圍了匈奴軍隊，但進攻卻持續受挫。這邊鍾繇無法拿下平陽，那邊郭援的大隊人馬卻已經殺到了河東，兵鋒所向，河東郡下轄的各縣城要麼被攻克要麼順勢歸降，誓死堅守的寥寥無幾。看到郭援如此聲勢，手下眾將紛紛勸鍾繇撤圍而去，先避其鋒芒，然後徐圖再戰。

抉擇時刻，鍾繇沉著冷靜地對戰場形勢進行了分析。

首先，直面已經存在的事實：「沒錯，袁氏的勢力現在是很強，因此，郭援此次南來，關中的勢力也暗地裡與他勾結。」

其次，看到不幸中的慶倖：「目前，關中勢力之所以不敢完全背叛朝廷，是因為他們還顧忌我的威名。」言外之意，有威名就有威懾，有威懾就能再次懾服關中。

再次，分析撤退帶來的巨大風險：「可是，一旦我們撤圍而退，不僅向對手表明了我們的虛弱，搞不好會弄得我們治下的臣民也沒了信心，說不定他們也會個個變成我們的仇敵。到那時，就算我們想撤回關中恐怕也回不去了。因此，撤圍而去絕對是沒有交戰先自取失敗的做法。」言下之意，撤圍貌似是兵家常事，但此時此處、此情此景下，可能引起的連鎖反應就並不尋常了。

一番分析判斷之後，鍾繇講出了克敵制勝的辦法：「別看郭援現在聲勢大，但這個人卻剛愎好勝，必定會小瞧我軍。如果他渡過汾（音同焚）河來紮營，等他渡到一半時我們去攻擊他，必會大獲全勝。」在絕望中尋找希望，於危機中孕育新機，人如其名，這就是鍾繇的重要之處。

鍾繇的決心和意志力，不僅給了將士們信心，也令馬騰轉變了態度，不久，馬騰的長子馬超就帶著一萬多人馬趕來與其會合了。

接下來戰事的發展一如鍾繇所料。來到汾河邊的郭援，根本不去探明對岸的情況，揮軍就要渡河，結果無論手下將領怎麼勸說，都擋不住郭援那顆好勝的心。勝負可想而知，鍾繇在敵人渡河時，果斷發起攻擊，「**大破之**」。

仗打贏了，自然要打掃戰場。據雙方士兵回憶，郭援早就在戰場上被殺死了，可是，無論怎麼找，也找不郭援的屍首。這下把當舅舅的鍾繇給急壞了，於公於私這都不好交代呀！

正在此時，馬超手下擔任前鋒的一名校尉，從箭囊中掏出了一顆血淋淋的人頭，請大家辨認一下看是不是郭援。鍾繇應聲望去，只看了一眼，眼淚就奪眶而出，那正是自己外甥的人頭。

看到這種情景，這名校尉一邊向鍾繇道歉，一邊心裡嘀咕，早知如此就抓活的了。聽到校尉的道歉，鍾繇厲聲說道：「郭援雖然是我的外甥，但他也是朝廷的逆賊，你有什麼地方需要道歉的！」

就這樣，一場危機就在國家的大幸與小家的不幸中煙消雲散了。順帶一題，斬殺郭援的那名校尉，名叫龐德。十多年後，已經成為曹操手下戰將的他將在荊州迎來另一場重量級的廝殺。

危機解除了，但化危為機背後的故事還沒有講完。實際上，鍾繇之所以能氣定神閒、元氣滿滿地堅信可以扭轉劣勢，是因為他還派出了另外一支奇兵。

得知馬騰暗地裡動了心思，身在前線的鍾繇，立刻派新豐縣縣令張既，來到了馬騰的身邊。作為關中馮翊人，張既從十六歲開始就在郡中任職，之後無論郡裡舉薦他當孝廉，還是曹操征辟他到許都，張既都不願離開家鄉。一來二往，張既成了新豐縣縣令，並且一做就把治理業績做到了整個關中地區所有縣的第一名。

如果說優異的業績逐步成就了他的名聲的話，那麼對家鄉的依戀則更讓他在關中贏得了超越其職位的影響力，而鍾繇派他出馬，對馬騰造成的心理壓力不可謂不大。

可是，就算面對這樣一位地方實力人物的勸說，就算內心已經翻江倒海，馬騰依舊沒有下定決心擁曹。

這時，另一個人物出現了。此人姓傅，名幹，字彥材。此時如果只說傅幹本人，沒有人會在意，可是提起他的先祖傅介子，卻不由地令人心生敬意。

三百年前的漢昭帝時期，針對樓蘭、龜茲（音同秋詞）等西域國家勾結匈奴，不斷給大漢製造麻煩的情況，北地人傅介子自告奮勇出使西域，結果僅憑藉一己之膽識，就斬殺了樓蘭王，威服了龜茲國。由此，傅介子不僅獲封義陽侯，而且成為後世義勇者效法的榜樣。東漢時，班超正是認識到「**大丈夫無它志略，猶當效傅介子、張騫立功異域，以取封侯**」之後才投筆從戎，立下不世之功的；而班超的哥哥、《漢書》的作者班固在列舉「關西出將」的諸將時也專門提到了傅介子。

傅幹的先祖傅介子不得了，父親傅燮（音同謝）也不得了。早年，「**身長八尺，有威容**」的傅燮跟隨皇甫嵩討伐黃巾軍，結果「**斬賊三帥**」，「**功高為封首**」。後來，傅燮在朝廷中擔任議郎，因主張力保涼州而怒斥太尉崔烈放棄涼州的提議，且嚴拒中常侍趙忠以封侯相拉攏的誘惑，結果被朝廷派到涼州擔任漢陽太守。

在涼州，傅燮力勸刺史耿鄙不要貿然與叛軍交戰。結果耿鄙不聽勸諫，在進軍途中引發軍隊叛變，不僅自己丟了性命，還弄得整個涼州都岌岌可危。置身涼州亂局，傅燮堅守漢陽治下的冀城，絲毫不為城外感其恩德、勸其投降的匈奴亂軍所動，最終出城迎戰，戰死沙場。

傅燮堅守冀城時，傅幹也在城中。那時，他曾經以「**國家昏亂，遂令大人不容於朝；今天下已叛，而兵不足自守**」來規勸父親暫時投降、從長計議。但是，傅燮卻以「**汝知吾必死邪？**」；「**吾行何之，必死於此**」的決絕來回答他。如今，再次面臨何去何從的抉擇，傅幹又站出來說話了。

看到這樣一位出身關西名門的世家子弟、英烈之後站出來，傅幹還沒開口，馬騰就已經有了幾分壓力，而傅幹一開口，馬騰更是嚇得不輕。

「古人曾說『順道者昌，逆德者亡』。曹公尊奉天子，誅除暴亂，法令嚴明，國家治平，上下聽命，有義必賞，無義必罰，絕對可以稱為順道。反觀袁氏，違背王命，驅使胡虜侵凌中原，表面寬厚內心卻猜忌，看起來仁義實質上卻寡斷，兵力雖然強盛，實際上卻失去天下人心，完全可以稱作逆德了。」一番對比之後，曹、袁高下立見。

「如今將軍已經追隨了有道之主，卻不盡其力，暗地裡首鼠兩端，還想著坐觀成敗，恐怕成敗定下來之後，曹公奉辭責罪，第一個誅殺的就是將軍。」騎驢找馬還好，但你卻偏偏要騎馬找驢，這樣看來，你的麻煩不遠了。

傅幹一番話說下來，講得馬騰坐立不安，悽悽惶惶。接著，傅幹又開口了：「智者能夠把禍事轉換成福事。如今曹公正與袁氏相持不下，而高幹、郭援玩命進攻河東郡，就算曹公有萬全之計，也無力挽救河東的危局。這個時候，如果將軍能出兵征討郭援，內外夾擊，一定能夠取勝。這樣，將軍一個小舉動，既斷了袁氏的臂膀，又解了河東的危難，曹公肯定會銘記將軍的恩德，將軍的功名更將載入史冊。」看來，傅幹不僅要阻止馬騰去添亂，而且要鼓動他去主動幫忙。

這下子，馬騰想明白了，二話不說，就派出了兒子馬超。於是，我們便看到了鍾繇由弱變強、河東轉危為安的那一幕。

這一次危機解除了，下一次危機卻接踵而至。

建安十年（西元二〇五年）冬，得知曹軍主力北征烏桓的消息後，之前已經歸附曹操的并州刺史高幹，又在自己的地盤上發動了叛亂。高幹的這一舉動迅速在關中一帶引起了連鎖反應，河內軍閥張晟帶著一萬多人侵掠崤山、澠（音同敏）池一帶，弘農軍閥張琰隨之起兵回應。

并州、關中一亂，夾在二者之間的河東郡就成了穩定局勢的關鍵，而從當時的情況看，河東郡也並不安穩。作為河內太守，王邑在十年前天子東返路過河東郡時，因為進獻絲綿絹帛被封為列侯，之後加號鎮北將軍，進封安陽亭侯，這樣看來也算是護駕有功，如今也是老資格了。同時，作為北地泥陽人，王邑也是關西走出來的將領，與關中軍閥有千絲萬縷的聯繫。並且，王邑在河東郡還頗得吏民愛戴。如此看來，一旦王邑有異心，不僅整個河東將變天，而且還將延燒到河西、并州乃至中原，蔓延的火苗很可能變成燎原之勢。

意識到形勢的嚴峻後，曹操迅速作出了將王邑召到朝廷任職的決定。同時，曹操與荀彧就接下來的人事安排進行了研商。

一上來，曹操先談到了關中：「**關西諸將，恃險與馬，征必為亂。張晟寇殽、澠間，南通劉表，固等因之，吾恐其為害深。**」關西這些人倚仗的是地勢險要和馬匹精良，如果貿然出兵征討一定會引起更大的騷亂。然而，這次張晟作亂崤山、澠池，南面勾結劉表，東面衛固等人回應，我還是擔心他們會成為心腹大患。

既定下了不能征討的政策基調，又提出了不能不管的內在焦慮，這也不行，那也不行，到底該怎麼辦呢？

不等荀彧說話，曹操隨即提出了自己的解決方案：「**河東被山帶河，四鄰多變，當今天下之要地也。君為我舉蕭何、寇恂以鎮之。**」河東郡不僅依山面河，而且周邊地區又都輕狡多變，現在它已經成了天下的衝要之地。你幫我推薦一個如前漢蕭何、後漢寇恂那樣的人來鎮守河東吧。

曹操說的沒錯，當時的河東就如一副扁擔，一頭挑著并州，一頭挑著關中，只要扁擔安穩，籮筐就不會亂擺；且扁擔在誰肩上，籮筐就會跟誰走。可是，誰又能扛起這副擔子呢？

蕭何是西漢開國排名第一的功臣，當年漢高祖劉邦在中原與項羽爭奪天下，之所以能夠屢敗屢戰並在最終打敗項羽、奪得天下，相當程度上靠的是蕭何對關中大後方的有效治理，持續不斷地為前方輸送糧食和兵源。

寇恂是東漢開國「雲臺二十八將」中排名第五的功臣，漢光武帝劉秀攻占河內郡後，於眾將之中選定寇恂為太守，並且專門給他交待了「**堅守轉運，給足軍糧，率厲士馬，防遏它兵**」的任務。結果，寇恂在河內不僅有效地阻遏了敵人，而且親自督運軍糧，忠實地完成了職責使命。後來，劉秀占領潁川和汝南後，又先後把這兩個地方的軍政事務也交給了寇恂。

如此看來，曹操就河東太守提出的人選標準還真是很高。可是，曹操只給出了標準，符合標準的人選又在哪裡呢？

不過，曹操話音剛落，荀彧就給出了答案：「**杜畿其人也。**」

其實，就在不久前，曹操剛任命杜畿（音同機）擔任護羌校尉並持節兼任西平太守。西平就是今天的青海西寧一帶，荀彧能夠從眾多郡守中想到正奔往數千里之外的杜畿，可見杜畿並不是一個庸庸碌碌、泯於眾人的官員。

仔細觀察，杜畿倒真是一個擔任河東太守的合適人員。

首先，杜畿不僅是關中京兆杜陵縣人，而且是西漢名臣杜延年之後。作為漢昭帝時的御史中丞，杜延年提出了鹽鐵專賣等許多對後世影響深遠的治國良策，算得上關中歷史上響噹噹的人物，相應地，杜家也成了關中的名門望族。如今，讓這樣一個關中望族、名門之後來擔任河東太守，對於穩定關中局勢必然會發生相當大的促進作用。

其次，作為護羌校尉，杜畿的主要任務就是確保羌胡部落不受外部勢力的蠱惑和脅迫，而所要提防的主要對象就是關中諸部，如今到河東，所要防禦的重要對象依舊是關中諸部，只不過是從他們的背後走到了他們的正前方。

再次，杜畿在擔任護羌校尉之前，是曹操身邊的司空司直，曹操對他的品行素質都是瞭解的，他對於曹操的意圖想法也心領神會，無論政治立場方面還是政策執行方面都絕對過硬。

又次，荀彧對杜畿也是頗為瞭解的。據說，杜畿早年剛剛來到許都時，曾經專門去侍中耿紀的家中拜訪，結果二人一見如故，即使聊到半夜也意猶未盡。巧合的是，尚書令荀彧那時正與耿紀比鄰而居，聽著隔牆傳來的真知灼見，荀彧既驚又喜，一大早就叫人去詢問那名聊天者姓甚名誰。隨後，荀彧親自與杜畿進行了深聊，進而把他推薦到了曹操的府中。彼此有過這番交道，荀彧推薦起來自然底氣十足。

當然，除了以上幾點，最關鍵的還是杜畿的個人特質。什麼特質？有膽有識。據載，杜畿二十歲的時候曾經以郡功曹的身分，代理過一段時間的鄭縣縣令，結果他一到縣裡就親臨監獄，對獄中的數百名囚犯逐一進行審問，該判的判、該放的放，三兩下就把多年的陳案積案給解決了，其中雖難免有個別不妥之處，但就憑他這份快刀斬亂麻的作風也足以令人稱奇。如今面對河東危局，不也正需要一把快刀嗎？

再者，關中大亂之時，杜畿曾經寄居荊州多年，直到母親亡故之後才踏上北歸的道路，結果一上路就遇到了盜賊。面對盜賊的劫掠，同行的眾人四散奔逃，只有杜畿一點也不害怕，依舊背著母親的屍身正常趕路。這下，倒把盜賊給驚著了，一邊遠遠地用箭射他，一邊大聲詢問他為什麼不跑。這時，杜畿開口了：「你們想要的不就是錢財嗎，我身無長物、一貧如洗，身上就背個老母親的屍身，你們射我有什麼用啊？」這回盜賊才明白了狀況，直接放行。

鑒於上述出身、德能、經歷、交情，河東郡的未來交到了杜畿手中。

接下來，就看杜畿的了。

接到任命，正在西行的杜畿立即掉轉方向往黃河岸邊奔去。然而，趕到黃河岸邊的他，卻發現渡口早已被河東郡的數千名士兵封鎖了。原來，河東郡的衛固、範先等人因不滿太守王邑被朝廷徵召，就派兵封鎖了渡口，根本不給杜畿任何渡河赴任的機會。然而，原本披星戴月的杜畿卻不急不緩地在黃河南岸待了下來，並且一待就是好幾個月。

杜畿不著急，曹操卻等不及了，派遣大將夏侯惇帶著大隊人馬趕了過來，準備武力護送杜畿赴任，再不行就索性直接鎮壓衛固等人。然而，此時的杜畿卻做出了一個令人出乎意料的舉動：不僅要自己隻身渡河，並且告訴夏侯惇——切勿渡河。放著手邊的鐵衛隊、殺手鐧不用，卻要深入龍潭虎穴，莫非腦子有問題？

面對眾人的疑惑不解，杜畿說出了自己的想法。

首先，談社情民意：「河東地區共有三萬戶百姓，他們並不是都想犯上作亂，我們一出兵，說不定本來想做良民的人也跟著衛固作亂了。」簡潔一句話，千萬不能逼良作亂。

其次，談軍事影響：「我們一出兵，衛固等人必然會拼死作戰，如果不能取勝，就會引得四鄰回應，天下的變亂就無法平息了；如果能夠取勝，殘害的卻是整個郡的百姓。」又是一句話，勝敗都不划算。

再次，談隻身渡河：「現在衛固等人並沒有明目張膽地反對朝廷，我現在單車隻身直奔河東，既出其不意又沒給他們什麼作亂的藉口，這幫人多謀寡斷，一定會假裝接納我。」總歸一句話，我一個人過去是穩妥的。

最後，談後續計畫：「只要我能在河東待上一個月，用計謀拖住他們，這就足夠了。」最後一句話，有時間就有空間。

杜畿這番話，既有形勢判斷，也有個人抉擇，更為關鍵的是，他在無形之中也為自己在河東的艱巨工作設定了時間期限：一個月，一個月基本搞定河東。就這樣，杜畿獨自渡河到了河東郡。

一來到河東，範先就先給杜畿來了個下馬威：在郡府門前，範先公然斬殺了郡主簿以下的官吏三十餘人。

看著眼前的這一切，杜畿面色如常，「**舉動自若**」。原本，範先是想先嚇嚇杜畿，然後再殺掉他。看到杜畿如此鎮定，衛固就對範先說：「殺了他朝廷也沒什麼損失，我們反而徒然背上了殺太守的惡名，反正他被控制在我們手裡，還是先留著吧。」於是，杜畿被衛固、範先他們奉為了太守。

就任太守後，杜畿很快任命衛固為都督，代理郡丞並兼任功曹，儼然把郡內的各項行政事務都交給了他；而郡中的三千將校兵士則全部由範先統領。不僅放權，杜畿還對衛固和範先說：「你們衛、範兩家都是河東的望族，我要想成事全指望你們。不過上下級關係本有定規，今後成敗我們一起擔，大事我們也一塊商量。」杜畿的這番言行，讓衛固、范先大為高興。

既然是大事一起商量，沒多久衛固就提出了一件大事：全郡徵兵。

對此，杜畿雖然沒有直接反對，但卻提出了徵兵的弊端：「動眾心」、「眾必擾」，強制性的徵兵，動搖了民心，干擾了百姓的正常生活，必然會搞得雞飛狗跳。隨即，杜畿提出了一個更好的建議：「**以貲募兵**」，也就是拿錢招募新兵。

衛固認為杜畿說的很有道理，於是便照此辦理。十多天後，望著招募的新兵，衛固相當滿意。然而，他沒有覺察到的是，從征兵變募兵，無論在時間上還是在數量上都已經大打折扣，而貪求錢財的那些將領，更是虛報數量，把募兵的錢放進了自己的口袋。

破壞了衛固的徵兵計畫後，杜畿又提出了新意見：「顧念家庭是人之常情，我看不如讓郡中的這些將校掾吏分批回家休息，等有急事再召回也不遲。」

對於杜畿的這個提議，衛固雖不願意，但卻不得不聽從。其一，杜畿是長官，不服從就是抗命；其二，杜畿的意見代表了絕大多數人的心聲，自己如果逆著來，顯然不得人心。於是，郡中大小官吏就這樣啟動了輪休模式。

粗淺一看，杜畿這一招是在與衛固爭奪人心；往細裡琢磨，他還有更深的謀劃：人員一旦被分派，心向朝廷的人就可以分散到各地去四處活動了，而那些有心為惡造反的人則被打散了。如此一石二鳥，可謂老謀深算。

過了一些日子，看到外面部署得差不多了，杜畿帶著數十名騎兵闖出郡城，直奔一個叫張城的地方。在這裡，杜畿舉起了討逆的大旗，整個河東的官吏和百姓隨之都站在了杜畿一邊，沒過多久他就得到了四千多人馬。這下子，衛固回過神來了，先是聯合高幹、張晟等人去進攻張城，卻未能攻下；接著又去抄掠各縣，還是一無所獲。這時候，朝廷的平叛大軍也趕到了，隨著高幹、張晟戰敗，衛固、範先等人也被殺掉，整個河東郡又完全回到朝廷手中。

河東這條扁擔一安穩，關中也就沒動靜了。

牽馬過河

如果說曹操之前對於關中的政策基調是阻「馬」過河的話，那麼當時光走到建安十三年，曹操和他的幕僚們的主要努力方向，就變成牽「馬」過河了。

正如曹操之前所說，關中所倚恃的既有地勢的險要也有兵馬的強壯，以前袁紹和其他反對勢力多次謀劃借助馬騰等人「亂羌、胡，南誘蜀漢」，現在袁紹等人雖然被消滅了，但可以亂羌胡、誘蜀漢的關中勢力還沒有翦除，一旦自己領兵南下，保不齊關中又會有所異動。為了以防萬一，必須在南下前解決關中問題。於是，不知在建安十三年具體什麼時候，已經成為朝廷議郎的張既，又回到了他熟悉的關中。

與以往兩次說服馬騰派兵支持朝廷相比，張既這次在數量上的要求大幅減少，他沒有提出讓馬騰再派多少手下的要求，而是提出請馬騰本人到中央就職。雖然數量上從萬變成了一，但難度卻從一變成了萬，要知道，馬騰並不傻，他怎麼會乖乖地讓張既「牽」過河呢？再說，就算馬騰決定跟張既走，手下數萬唯馬首是瞻的將士也不能讓他離開，群龍無首的結果只能是鳥獸散，這怎麼行？

不過，任務萬難，但也絕非不可一試！更何況，此時正是排除關中隱患最好的時候。

會說時候正好，是因為馬騰已經逐漸失去了與中央討價還價的籌碼。如果說，官渡之戰前曹操還擔心袁紹透過「侵擾關中」來「亂羌、胡，南誘蜀漢」，使自己「獨以兗、豫抗天下六分之五」的話，那麼到了郭援南侵河東的時候，鍾繇僅憑自己的威名和張既的遊說就能使「**關中陰與之通**」的局面發生逆轉，而到了高幹反叛時，馬騰等人更是按兵不動、唯命是從。隨著周邊潛在盟友的消亡，馬騰等關中諸將已經越來越感到孤單與落寞了。

再說時候正好，是因為馬騰早已被內部的權力鬥爭搞得焦頭爛額。正如荀彧在官渡之戰前所說，「關中將帥以十數，莫能相一，唯韓遂、馬超最強」，撇下幾十個誰也管不了誰的將帥們不說，就算韓遂、馬騰這兩個最強王者也是時分時合，遇到共同的敵人時二人才抱團取暖，一旦危險解除則「**各擁強兵相與爭**」。曹操掃除了黃河以北各方勢力的時候，原本是韓、馬最應該聯手的時候，而「**結為異姓兄弟**」的二人卻「以部曲相侵，更為仇敵」，搞得水火不容。關中將帥一盤散沙，韓馬二人一團亂麻，這難道不是好時候嗎？

又說時候正好，是因馬騰本人也已動了赴朝任職的心思。作為東漢名將馬援的後裔，能赴朝任職恐怕是馬騰的夙願。早在興平元年（西元一九四年），馬騰就「**私有求於（李）傕**」，結果訴求未果，他便聯合了一部分臣僚去進攻長安。當時，馬騰已被任命為征西將軍，他的私求十有八九是三公九卿、重號將軍之類的更大官階，而在求而不獲之後，他之所以選擇兵戈相向，除了想教訓教訓李傕，更大的想法估計還是為了實現自己的私求。如今，朝廷主動給馬騰劃出了一片草場，這匹老馬能不去吃那一大片日思夜想的嫩草嗎？

最後說時候正好，是因為馬騰在家族的地位也逐漸變得微妙起來。隨著時間的推移，馬騰漸漸力不從心，長子馬超在軍中的地位卻逐漸凸顯。馬超年輕時就以「健勇」著稱，在跟隨父親對抗韓遂的戰鬥中，馬超硬生生折斷了韓遂部將閻行的長矛；在平定三輔的動亂時，馬超率軍攻破了堅固的蘇氏塢堡；在跟隨鍾繇討伐郭援、高幹的戰役中，馬超即使腳部中箭依舊率軍作戰，大破敵軍。父衰子盛之間，人們在談論馬氏集團的時候，越來越多地將馬超看成代表人物，比如荀彧之前的那句「唯韓遂、馬超最強」。

綜上所述，無論在家中、關中、國中，馬騰感到的都是壓力而非動力，與其如此，倒不如到朝廷擔任高官來得快活。再說了，如今完全倒向朝廷不僅能討個清閒，說不定還能有意想不到的收穫。

兩百年前，同樣是在西北，同樣是面對業已一統中原的雄主，涼州牧竇融與西州大將軍隗（音同偉）囂做出了截然不同的選擇，也迎來了不同的人生命運。

接到漢光武帝劉秀的書信，竇融立即表示歸順並舉家來到了中原，後來，竇氏一門顯貴，出了「**一公、兩侯、三公主、四二千石，相與並時**」，「**自祖及孫，官府邸第相望京邑，奴婢以千數，於親戚、功臣中莫與為比**」，後來，竇家又與皇帝聯姻，成為顯赫百年的外戚家族。

反觀隗囂，雖然表面服從劉秀，背地裡卻與巴蜀的公孫述暗通款曲，最終不僅自己送到中原做人質的兒子被誅殺，自己也饑寒交迫、「**恚憤而死**」。

當年的竇融與隗囂不就是如今的自己與韓遂嗎？韓遂要學誰，馬騰不知道也不關心，但他自己何去何從，心裡已暗暗打定了主意。

於是，經過張既的一番遊說，馬騰不僅答應到朝廷任職，而且準備帶上一家老小，一共二百多人。如此舉家搬遷，好是一番張羅。

然而，就在即將動身的時候，馬騰又猶豫了起來：到了朝廷就真的能高枕無憂嗎？曹操真能如當年的劉秀那般善待自己嗎？要知道，曹操可是出了名的亂世奸雄啊。思前想後，馬騰心裡又猶豫了？

這邊馬騰仍在踟躕徬徨，那邊張既卻沒有給他再遲疑的機會。張既命令沿途各縣備足馬騰一路上所需的糧草等各類物資，同時命令各郡太守在馬騰經過時，都要到郊外去迎送。

經過這番政治規格和物資供應上的悉心安排，氣氛被烘托到了無以復加的程度，就算是隻鴨子，此時的馬騰也必須要到架子上去享受那番盛情了。於是，在一片濃烈的氛圍中，馬騰上路了。一上路，馬騰心裡就踏實多了。都說曹操是奸雄，但誰見過曹操對歸順者下過手。

劉備怎麼樣？他可是在徐州與曹操作對的人，但當劉備歸順時，曹操不僅「厚遇之，以為豫州牧」，後來還表薦他為左將軍，並且「禮之愈重，出則同輿，坐則同席」，甚至還說出了那句「天下英雄，唯使君與操耳」。

張繡怎麼樣？他可是讓曹操的長子曹昂和愛將典韋送了命的人，而當張繡一朝歸降，曹操不僅「**執其手，與歡宴**」，而且為自己的兒子曹均娶了張繡的女兒，並封張繡為揚武將軍，於公於私都不是報復而是厚遇。

魏種、畢諶怎麼樣？這兩個人是曹操的心腹，在曹操丟失兗州的至暗時刻，竟然離開曹操跑到了敵人那一邊，但曹操抓獲他們後，不但沒有加以懲罰，反而用魏種有才、畢諶至孝來為他們開脫，隨即，魏種成了河內太守，畢諶成了魯相，都是二千石的高官，並且還都處於曹操與袁紹鬥爭的關鍵地帶。

然而，這其中也不是沒有例外，呂布就被曹操斬在了白門樓，但誰叫呂布自己輕狡反覆呢？正所謂不作不會死啊！

反觀自己，我馬騰不僅沒有與曹操作對過，更沒有殺害過曹操的親人和愛將，劉備是在走投無路的情況下歸順的，張繡只是帶了些許人馬歸降，而自己現在可是放棄了數萬人馬的軍權。

沒錯，自己也曾經如呂布般搖擺過，但最終卻經受住了誘惑，不僅堅定地站在了曹操一邊，而且出人出力，幫助曹操打敗了郭援、平定了張晟，不論功勞還是苦勞，自己都比劉備、張繡貢獻大，如此，曹操能不厚待自己嗎？這樣看來，自己入朝倒正是時候，等到曹操平定荊州一統江山之時，自己的身價無疑就貶值了。

馬騰的判斷沒錯，他剛剛渡過黃河，朝廷的任命就來了：在曹操的表薦下，馬騰被任命為九卿之一的衛尉，馬超被任命為偏將軍，接替馬騰統領原班人馬。同時，馬騰的兒子馬休被任命為奉車都尉，馬鐵被任命為騎都尉，他們與馬騰的數百家眷一起，遷居到正在新建中的鄴城，感受那裡如火如荼、蒸蒸日上的新氣象。這下，馬騰放心了。

不過，當馬騰來到朝廷的時候，他還是有些許失落。此時，迎接他的既沒有曹操「出則同輿，坐則同席」的親切，也沒有「執其手，與歡宴」的熱烈，因為，此時的曹操已南下荊州了。

一旦馬騰過河，令曹操焦慮多年的一塊心病就基本解除了。這裡之所以說「基本」，是因為韓遂、馬超還在，日後曹操還要想辦法解決他們。應該說，在曹操統一北方的過程中，關中不僅並沒有給曹操添太多麻煩，反倒是在關鍵時刻幫了不少忙。不過，有些事情不能僅僅從結果上來觀察，而要看事情本身的重要程度；就算只看結果，也要看這一結果是如何達成的。

回顧擺平關中的整個過程，如果沒有鍾繇、張既、杜畿等人有膽有識的擔當作為，皆大歡喜的結果未必能夠順利達成，因此，他們的貢獻不應該僅僅散落在那布滿灰塵的史籍中。

大多數時候，人們總是喜歡去讚揚那些出了事而能夠擺平它的人，而不去褒獎那些不出事，卻使風險隱患消弭於無形的人。不過，曹操並不會這樣，看看為穩定關中做出貢獻的那些人後續的發展，就能夠明這一點了。

鍾繇（西元一五一年到西元二三〇年），赤壁之戰後，曹操征討韓遂、馬超，鍾繇被任命為前軍師。魏國建立（建安十八年，西元二一三年）後，鍾繇歷任大理、相國。曹丕稱帝后，鍾繇歷任廷尉、太尉，獲封平陽鄉侯。

張既（？到西元二二三年），曹操消滅馬超、平定關中後，張既出任治理關中地區的京兆尹。魏國建立後，張既先任尚書，後出任雍州刺史，上任前，曹操對張既說：「你回到故土任刺史，算得上是衣錦還鄉了！」此後，張既治理雍、涼二州十餘年，以施政惠民而著稱，獲封西鄉侯。

杜畿（西元一六三年到西元二二四年），此後杜畿在河東太守任上一幹就是十六年，政績「常為天下最」。曹丕繼任魏王後，賜爵關內侯，拜為尚書。曹丕稱帝後，杜畿進封豐樂亭侯，歷任司隸校尉、尚書僕射。

傅幹（生卒年分不詳），此後傅幹擔任過曹操身邊的丞相參軍、倉曹屬，為曹操提出了不少建議。魏國建立後，傅幹任扶風太守。

衛覬（西元一五五年到西元二二九年），魏國建立後，衛覬先任侍中，後任尚書，為漢魏禪讓出了不少力。曹丕稱帝後，衛覬拜尚書，封陽吉亭侯。魏明帝曹叡即位後，進封閿（音同紋）鄉侯。

楊阜（生卒年分不詳），後來，楊阜又在討伐馬超的過程中立下了大功，為此，「**西土之人以為美談**」，被曹操賜爵關內侯。接著，楊阜先遙領益州刺史，後擔任武都太守。魏明帝時，楊阜入朝先後任城門校尉、將作大匠、少府等職，對曹叡多有諫言，以剛正不阿著稱。

說完上述功臣，再說說馬騰這位降臣。

建安十六年（西元二一一年）三月，在曹操的威逼下，馬超與韓遂共同起兵，同年九月他們被曹操擊敗。建安十七年（西元二一二年）正月，馬超捲土重來，襲擊隴上，圍攻涼州。同年五月，曹操誅殺了馬騰，同時夷其三族。

建安十三年（上）：
東漢亂世的籌謀與布局

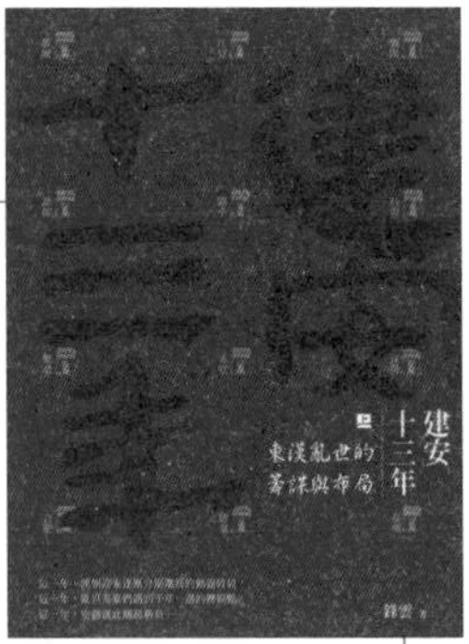

作　　者　鋒　雲

發 行 人　林敬彬
主　　編　楊安瑜
編　　輯　林佳伶
封面設計　柯俊仰
行銷經理　林子揚
行銷企劃　戴詠蕙、趙佑瑀
編輯協力　陳于雯、高家宏

出　　版　大旗出版社
發　　行　大都會文化事業有限公司
11051 台北市信義區基隆路一段 432 號 4 樓之 9
讀者服務專線：（02）27235216
讀者服務傳真：（02）27235220
電子郵件信箱：metro@ms21.hinet.net
網　　　址：www.metrobook.com.tw

郵政劃撥　14050529 大都會文化事業有限公司
出版日期　2023 年 08 月初版一刷
定　　價　440 元
I S B N　978-626-7284-03-2
書　　號　History-157

Banner Publishing, a division of Metropolitan Culture Enterprise Co., Ltd.
4F-9, Double Hero Bldg., 432, Keelung Rd., Sec. 1,Taipei 11051, Taiwan
Tel:+886-2-2723-5216　Fax:+886-2-2723-5220
E-mail:metro@ms21.hinet.net
Web-site:www.metrobook.com.tw

◎本書由化學工業出版社授權繁體字版之出版發行。

國家圖書館出版品預行編目（CIP）資料

建安十三年（上）：東漢亂世的籌謀與布局 / 鋒雲　著 . -- 初版 -- 臺北市 : 大旗出版 : 大都會文化發行 ,2023.08 ; 328 面 ; 17×23 公分 . -- (History-157)
ISBN 978-626-7284-03-2(平裝)

1. 東漢史

622.2　　112001997